悦读悦好

经典润泽心灵
文学点亮人生

读一本好书
点亮一盏心灯
用经典之笔
打好人生底色
与名著为伴
塑造美好心灵

一本书像一艘船
带领我们从狭隘的地方
驶向人生的无限广阔的海洋

伴随孩子成

经典文学
彩色美绘本
JING DIAN WEN XUE

循序渐进地
子阅读方法

教育部推荐
语文新课标必读丛书

权威专家亲自审订 一线教师倾力加盟

ZHONGWAIMINGRENGUSHI

中外名人故事

博尔 选编

重庆出版集团 重庆出版社

图书在版编目（CIP）数据

中外名人故事 / 博尔选编. —重庆：重庆出版社，2014.12（2018.10重印）

ISBN 978-7-229-09262-7

Ⅰ.①中… Ⅱ.①博… Ⅲ.①名人－生平事迹－世界－少儿读物

Ⅳ.①K811-49

中国版本图书馆CIP数据核字（2014）第302994号

中外名人故事

博尔　选编

责任编辑：李　蓓

装帧设计：文　利

 重庆出版集团

重庆出版社 出版、发行

重庆市南岸区南滨路162号1幢

邮政编码：400061　http://www.cqph.com

山东海德彩色印刷有限公司印刷

全国新华书店经销

开本：710mm×1000mm　1/16　印张：11　字数：134千

2014年12月第1版　2018年10月第5次印刷

ISBN 978-7-229-09262-7

定价：30.00元

如发现质量问题，请与我们联系：（010）52464663

◎ 扬起书海远航的风帆

——写在"悦读悦好"丛书问世之际

阅读是中小学语文教学的重要任务之一。只有把阅读切实抓好了，才可能从根本上提高中小学生的语文水平。

青少年正处于求知的黄金岁月，必须热爱阅读，学会阅读，多读书，读好书。

然而，书海茫茫，浩如烟海，该从哪里"入海"呢？

这套"悦读悦好"丛书的问世，就是给广大青少年书海扬帆指点迷津的一盏引航灯。

"悦读悦好"丛书以教育部制定的《语文课程标准》中推荐的阅读书目为依据，精选了六十余部古今中外的名著。这些名著能够陶冶你们的心灵，启迪你们的智慧，营养丰富，而且"香甜可口"。相信每一位青少年朋友都会爱不释手。

阅读可以自我摸索，也可以拜师指导，后者比前者显然有更高的阅读效率。本丛书对每一部作品的作者、生平、作品特点及生僻的词语均作了必要的注释，为青少年的阅读扫清了知识上的障碍。然后以互动栏目的形式，设计了一系列理解作品的习题，从字词的认读，到内容的掌握，再到立意的感悟、写法的借鉴等，应有尽有，确保大家能够由浅入深、循序渐进地掌握科学阅读的基本方法。

本丛书为青少年学会阅读铺就了一条平坦的大道，它将帮助青少年在人生的路上纵马奔驰。

本丛书既可供大家自读、自学、自练，又可供教师在课堂上作为"课本"使用，也可作为家长辅导孩子学好语文的参考资料。

众所周知，阅读是一种能力。任何能力，都是练会的，而不是讲会的。再好的"课本"，也得靠同学们亲自费眼神、动脑筋去读，去学，去练。再明亮的"引航灯"，也只能起引领作用，代替不了你驾轻舟乘风破浪的航行。正所谓"师傅领进门，修行靠个人"。

作为一名语文教育的老工作者，我衷心地祝福青少年们：以本丛书升起风帆，开启在书海的壮丽远航，早日练出卓越的阅读能力，读万卷书，行万里路，成为信息时代的巨人！

高兴之余，说了以上的话，是为序。

人民教育出版社编审

原全国中语会理事长

张空远

2014.10 北京

◎ 悦读悦好 ◎

—— 用愉悦的心情读好书

很多时候，我们往往是有了结果才来探求过程，比如某同学考试得满分或者第一名，大家在叹服之余自然会追问一个问题——他（她）是怎么学的？……

能得满分或第一名的同学自然是优秀的。但不要忘了，其实我们自己也很优秀，我们还没有取得优异成绩的原因可能是勤奋不够，也可能是学习意识没有形成、学习方法不够有效……

优秀的同学非常注重自身的修炼，注意培养良好的学习习惯和学习能力，尤其是总结适合自己的学习方法和学习途径。阅读是丰富和发展自己的重要方法和途径，阅读可以使我们获得大量知识信息，丰富知识储量，阅读使我们感悟出更多、更好的东西——我们在阅读中获得、在阅读中感悟、在阅读中进步、在阅读中提升。

为帮助广大学生在学习好科学知识、取得理想的学业成绩的同时，还能培养良好的学习意识和学习能力、构建科学的学习策略，形成属于自己的学习方法和发展路线，我们聘请全国教育专家、人民教育出版社语文资深编审张定远、熊江平、孟令全等权威专家和一批资深教研员、名师、全国著名心理学咨询师联袂打造本系列丛书——"悦读悦好"。丛书精选新课标推荐名著，在构造上力求知识性、趣味性的统一，符合学生的年龄特点、阅读习惯和行为习惯。更在培养阅读意识、阅读方法、能力提升上有独特的创新，并增加 "悦读必考" 栏目以促进学生有效完成学业，取得优良成绩。

本丛书图文并茂，栏目设置科学合理，解读通俗易懂，由浅入深，根据教学需要划分为初级版、中级版和高级版三个模块，层次清晰，既适合课堂集中学习，也充分照顾学生自学的需求，还适合家长辅导使用；既有知识系统梳理和讲解，也有适量的知识拓展；既留给学生充分的选择空间，也充分体现新课改对考试的要求，是一套有价值的学习读物。

没有最好，只有更好。本套丛书在编撰过程中，得到教育专家、名师的广泛关注指导，广大教师和同学们的积极支持参与，对此我们表示最真诚的感谢！我们将热忱欢迎广大教师和学生给我们提出宝贵意见，以便再版时丰富完善。

"悦读悦好" 编委会

◎ 功能结构示意图 ◎

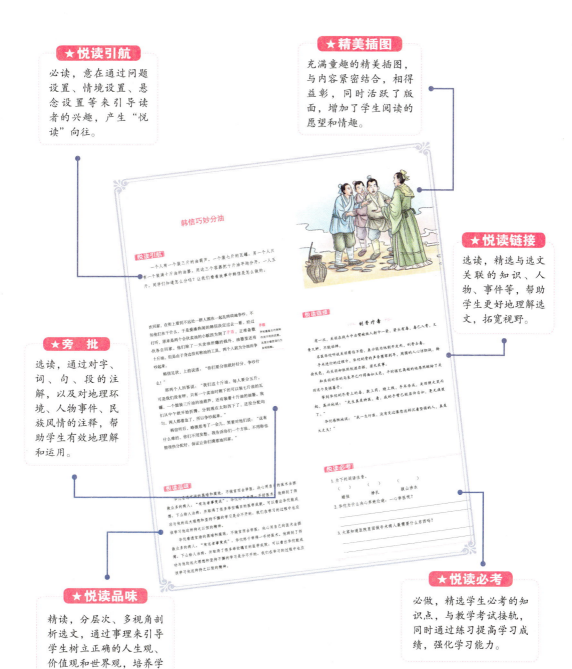

★ 悦读引航

必读，意在通过问题设置、情境设置、悬念设置等来引导读者的兴趣，产生"悦读"向往。

★ 精美插图

充满童趣的精美插图，与内容紧密结合，相得益彰，同时活跃了版面，增加了学生阅读的愿望和情趣。

★ 悦读链接

选读，精选与选文关联的知识、人物、事件等，帮助学生更好地理解选文，拓宽视野。

★ 旁　批

选读，通过对字、词、句、段的注解，以及对地理环境、人物事件、民族风情的注释，帮助学生有效地理解和运用。

★ 悦读品味

精读，分层次、多视角剖析选文，通过事理来引导学生树立正确的人生观、价值观和世界观，培养学生自律、进取的意志。

★ 悦读必考

必做，精选学生必考的知识点，与教学考试接轨，同时通过练习提高学习成绩，强化学习能力。

"悦读悦好"系列阅读计划

　　在人的一生中，获得知识离不开阅读。可以说阅读在帮助孩子学习知识、掌握技能、培养能力、健康成长等方面都有着重要的不可或缺的作用。阅读不仅仅帮助孩子取得较好的考试成绩，而且对孩子各种基础能力的提高都有重大的意义。培养孩子的阅读兴趣和养成良好的阅读习惯、掌握有效的阅读技能是教育首先要解决的重大课题之一。为此，我们为学生制订了如下科学合理的阅读计划。

学 段	阅读策略	阅读推荐	阅读建议
1~2年级	适合蒙学，主要特点是韵律诵读、识字、写字和复述文段等。 　　目标：初步了解文段的大致意思、记住主要的知识要点。	适合初级版。 《三字经》 《百家姓》 《声律启蒙》 《格林童话》 《成语故事》 ……	适合群学——诵读比赛、接龙、抢答。 　　阅读4~8本经典名著，以简单理解和兴趣阅读为主，建议精读1本（背诵），每周应不少于6小时。
3~4年级	适合意念阅读，在教师或家长引导下，培养由需求而产生的愿望、向往或冲动的阅读行为。 　　目标：培养阅读兴趣，养成良好的阅读习惯。	适合初级版和中级版。 《增广贤文》 《唐诗三百首》 《十万个为什么》 《少儿百科全书》 《中外名人故事》 ……	适合兴趣阅读和群学。 　　阅读8~16本经典名著，以理解、欣赏阅读为主，逐步关注学生自己喜欢或好的作品，每周应不少于6小时。
5~6年级	适合有目的的理解性阅读，主要特点依据教学和自身的需要选择合适的阅读材料。 　　目标：逐步培养阅读能力，培养学习意志和初步选择意识。	适合中级和高级版。 《森林报》 《尼尔斯骑鹅旅行记》 《海底两万里》 《鲁滨孙漂流记》 《钢铁是怎样炼成的》 ……	适合目标性阅读和选择性阅读。 　　选择与教学关联为主的阅读材料；选择经典名著并对经典名著有自己的理解和偏好。每周应不少于10小时。
7~9年级	适合欣赏、联想性和获取知识性阅读。 　　学生的人生观、世界观和价值观日渐形成，通过阅读积累知识、提高能力、理解反思，达成成长目标。	适合中级和高级版。 《论语》 《水浒传》 《史记故事》 《爱的教育》 《三十六计故事》 ……	适合鉴赏和分析性阅读。 　　适当加大精读数量，培养阅读品质（如意志、心态等），形成分析、反省、质疑和批判性的阅读能力。

目录 MU LU

木工的祖师爷鲁班

　　我们的家具都是木匠叔叔用他们的劳动工具精心制作的，那么你见过木匠们常用的工具锯吗？你知道它的来历吗？所有木工师傅的祖师爷是谁呢？让我们一起来阅读下面的故事并找出答案吧！

　　鲁班是我国古代一位优秀的手工业工匠和杰出的发明家。两千多年以来，他一直被土木工匠视为"祖师"，受到后人的崇敬。

　　鲁班是春秋时期鲁国人，出生在鲁国一个工匠家庭。他从小谦虚好学，练就了一副巧手，成为当时有名的能工巧匠。

能工巧匠
工艺技术高明的人。

　　相传有一年，鲁班接受了建造一座巨大宫殿的任务。这座宫殿需要很多木料，鲁班就一边设计宫殿，一边派徒弟们上山伐木。

　　那时候，无论是伐木砍树，还是下料做板，木工使用的都是斧头。徒弟们用斧头砍伐树木，十分吃力，效率也非常低。树粗了，还必须开很宽的口子，费工又费料。一个人尽管整天累得筋疲力尽，也砍不倒几棵树，远远不能满足工程进度的需要。工程进度一拖再拖，这可急坏了鲁班。为此，他

筋疲力尽
形容非常疲劳，一点儿力气也没有了。

决定亲自上山察看砍伐树木的情况。

那天刚下过雨，山上坡陡路滑。鲁班不小心身体一滑，无意中抓住了一把山路旁的野草。这时，他只觉得一阵刺痛。原来，手被野草划开了一道口子，鲜血直流。鲁班十分惊讶几根小草怎么能割破手指呢？于是，他摘下一片野草叶子仔细观察起来，发现叶子的两边都长着锋利的小齿，用手轻轻一摸，只觉得这些小齿非常锋利。他的手正是被这些小齿划破的。

鲁班从中得到启发，他想，如果依照野草叶子造一种带齿的铁器，不就可以割断树木了吗？于是，他下山请铁匠打了一块带齿的长铁片，拿到山上去试试。鲁班和一个徒弟一人握住铁片的一头，在一棵大树上来回拉了起来，不一会儿就把大树锯倒了，既快又省力。就这样，鲁班发明了锯。

惊讶

惊异。表示吃惊、好奇的意思。

启发

阐明事例，引起对方联想而有所领悟。

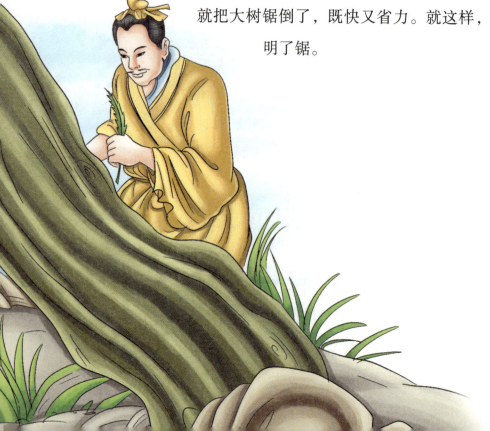

悦读品味

被草割伤，大多数人只是认为这是一件生活小事，不值得大惊小怪，他们往往在治好伤口以后就把这件事忘掉了。而鲁班却有比较强烈的好奇心和丰富的联想，很注意对生活当中一些微小事件的观察、思考和钻研，从中找到解决问题的方法和思路，甚至获得某些创造性发明。这告诉我们一个道理：要善于留意生活中许多不起眼的小事，要勤于思考。

悦读链接

鲁　班

鲁班，姓公输，名般，尊称公输子。他是东周时期鲁国人，所以又被很多人称为鲁班或者鲁般，这是因为"般"和"班"同音，在古时的汉语中通用。故人们常称他为鲁班。

鲁班出生于工匠世家。从小就跟随家里人参加过许多土木建筑工程劳动，逐渐掌握了生产劳动的技能，积累了丰富的实践经验。

春秋和战国之交，社会变动和铁器的广泛使用，使工匠获得施展才能的机会。在此情况下，鲁班在机械、土木、手工工艺等方面有所发明。今天，木工师傅们用的手工工具，如：钻、刨子、锯子、曲尺，以及画线用的墨斗，据说都是鲁班发明的。而每一件工具的发明，都是鲁班在生产实践中得到启发，经过反复研究、试验创造出来的。

1. 我国的木工工匠们是如何称呼鲁班的？

_____

2. 你知道我们现在的木工是怎么工作的吗？

_____

_____

儒家学派的创始人孔子

在我们国家，每个人都或多或少地受到儒家思想的影响。那么，你知道儒家学派有什么重要的思想吗？儒家学派的创始人又是谁呢？

公元前551年，在鲁国的一个武官家里，一个长相怪异的男孩出生了：他的鼻孔朝天，牙齿暴露，头顶凹陷，像一座山丘。因为这个男孩是母亲颜氏到尼丘山向神明祈祷后而怀孕生下的，所以他的父亲孔纥便给他取名丘，字仲尼。这个男孩就是春秋时期伟大的思想家、教育家，儒家学派的创始人孔子。

孔子的童年是不幸的，他刚刚满三岁，父亲就病逝了，母亲颜氏在孔家也备受歧视，因此，她便带着幼小的孔子搬到了曲阜去居住。虽然生活过得清贫，但母亲从没有放松对孔子的教育。

孔子年幼时就喜欢学着大人的样子摆弄各种祭器，演练祭祀时的礼仪动作。

有一年深秋，秋风瑟瑟，吹得树上的黄叶纷纷飘落，眼看冬天就要来临了。年少的孔子就在这样寒冷的天气里，端坐在灯下聚精会神地读着书，而他的身上却只穿着单薄的衣服，冻得浑身发抖。母亲在一旁看了非常心疼，就对他说："孩子，歇一会儿吧！"

"好啊！"孔子答应着站起身，然后不声不响地出门了。

母亲以为他想出去玩耍，忙对他说："孩子，外面那么冷，眼看就要下雨了，你就不要到外边去玩了。"

孔子却严肃地说："娘，我不是出去玩，我是要去祭祀神灵，行大礼啊！"

"你行大礼干什么呢？"母亲疑惑地问。

孔子回答："如果我现在不学好礼仪，长大就不知道怎么做人了。"

母亲听了孔子的话，惊讶得不知道该说什么。

孔子也非常爱学习，所以他拜过许多老师。比如，他就曾向鲁国乐官师襄子学琴艺。

歧视
形容不平等地看待。

祭祀
古时准备贡品向神佛先行礼，表示崇敬并求保护。

疑惑
心里不明白，不相信。

孔子拜师后，师襄子就让他练习一首没有标题的曲子。孔子抚动琴弦，练得非常认真，一连练了十几天。

师襄子见孔子弹得很熟练了，就说道："你弹得不错，可以练习下一首曲子了。"

谁知，孔子却说："我觉得自己还没有把握住曲子的规律和节奏。"于是，他继续认真练习。

节奏
是指音乐中交替出现的有规律的强弱、长短的现象。

过了些时候，他还在弹这支曲子。师襄子说："你的琴艺大有进步，可以练习新曲子了。"

孔子却说："不行，我感觉还没能体味到它的情趣。"

又过了几天，师襄子听到琴房里传出令人赞叹的旋律，看见孔子抚动琴弦，神情怡然，就对他说："你已经找到情趣所在了，可以学别的曲子了！"

孜孜不倦
指工作或学习勤奋，不知疲倦。孜孜，勤勉，不懈怠。

孔子却说："我还没有领悟出它描写的人物形象呢!"

一天早上，师襄子听到屋里传来令人陶醉的琴声，只听孔子大叫道："我知道了！他有着魁梧的身躯，黝黑的脸庞，两眼仰望天空，一心要感化四方。除了文王，还能有谁写得出这种曲子？"师襄子听后非常震惊，立刻向孔子深深拜了三下，激动地说："这支曲子就是《文王操》啊！"

孔子孜孜不倦地在求学道路上探索和

进取。他虚心向有知识的人学习，也向平民百姓学习。他曾说："三人行，必有我师焉。"正是因为他有这种学而不倦的精神，所以才使他最终成了一代宗师，后世把他尊称为"圣人"。

悦读品味

孔子从小面对贫穷的生活不怨天尤人，不畏严寒，坚持礼仪，严格要求自己的学习，最终成为一代宗师。他所表现出的勤奋刻苦、奋发向上的精神，深深地感动了我们。直到现在，孔子的名言"学而不厌，诲人不倦"仍是我们的座右铭，不断鞭策着我们勇往直前。

悦读链接

孔 子

孔子名丘，字仲尼，春秋末期鲁国陬邑（今山东省曲阜市南辛镇）人。孔子是春秋末期著名的思想家、政治家、教育家，为儒家学派的创始人，孔子的儒家思想对中国和世界都有深远的影响。

孔子开创了私人讲学的风气，相传有弟子三千，其中贤弟子七十二人，曾带领部分弟子周游列国。

孔子修订《诗》《书》《礼》《乐》，序《周易》，撰写《春秋》。孔子去世后，其弟子及其再传弟子把孔子及其弟子的言行语录和思想记录下来，整理编成著名的儒家学派经典《论语》。

悦读必考

1. 仿照"孜孜不倦"（AABC），再写出两个同结构的词语。

_____

2. 孔子是我国哪一个学派的创始人？孔子被后人尊称为什么？

_____

_____

3. 请你写两句孔子的名言。

_____

_____

韩信巧妙分油

悦读引航

一个人有一个装三斤的油葫芦，一个装七斤的瓦罐，另一个人只有一个装满十斤油的油篓。用这三个容器把十斤油平均分开，一人五斤，同学们知道怎么分吗？让我们看看故事中韩信是怎么做的。

韩信是辅佐刘邦建立西汉王朝的著名将领。相传他成为大将军后，有一次回家，在街上看到不远处一群人围在一起乱哄哄地争吵，不知他们在干什么，于是爱凑热闹的韩信决定过去一看。经过打听，原来是两个合伙卖油的小贩因为闹了矛盾，正准备散伙各自回家。他们除了一天卖油所赚的钱外，油篓里还有十斤油。但是由于身边没有称油的工具，两个人就为分油而争吵起来。

矛盾

矛和盾是古代两种作用不同的武器。这里比喻言语行为自相抵触。

韩信见状，上前说道："你们要分油就好好分，争吵什么！"

那两个人回答说："我们这十斤油，每人要分五斤。可是我们没有秤，只有一个卖油时剩下的可以装七斤油的瓦罐，一个能装三斤油的油葫芦，还有装着十斤油的油篓。我们从中午就开始折腾，分到现在太阳西下了，还没分配均匀，两人都着急了，所以争吵起来。"

韩信听后，略微思考了一会儿，笑着对他们说："这有什么难的。你们不用发愁，我告诉你们一个方法，不用称也能很快分配好，保证让你们满意地回家。"

众人一听，纷纷催促说："有什么好办法，赶快说来听听。"

韩信却不慌不忙地说："葫芦归罐罐归篓，三倒葫芦两倒罐。"

众人听后，都没有弄明白，站在那里望着韩信，等着他再作解释。

韩信没有办法，只好亲自演示，他边倒油边解释说："先将这能装三斤油的葫芦当秤用。"

众人不解，又问："怎么当秤？"

韩信没有回答。他先把盛三斤的油葫芦灌满两次，倒进了能盛七斤油的空瓦罐，然后又将油葫芦装满，第三次向瓦罐中倒去，直到瓦罐倒满。这时韩信说："现在，油篓中有一斤，瓦罐中有七斤，油葫芦里有两斤。"众人看看，还是望着他。

于是韩信接着把瓦罐中的油全部都倒进了油篓，把油葫芦中剩下的两斤油倒进了盛七斤的瓦罐。

雀跃
高兴得像雀儿一样跳跃。

此时，众人这才明白过来，纷纷欢呼雀跃起来："原来如此！"

韩信把葫芦交给了油贩，说："接下来总知道该怎么做了吧！"

七嘴八舌
形容人多口杂，议论纷纷。也比喻让别人充分发表意见。

两人还来不及回答，众人就七嘴八舌地嚷了起来："将盛三斤的葫芦灌满油，倒进已经　有两斤油的瓦罐，加在一起一共五斤油，而油篓里正好剩　下五斤油。"

油贩子按照韩信的话，平均分配好油，高高兴兴地回家去了。

悦读品味

韩信三言两语便说出了分油的办法，两个油贩子便很快地将油平均分配好了。韩信的话是："葫芦归罐罐归篓，三倒葫芦两倒罐。"韩信在没有度量器具的情况下，就条件分之，堪称聪明。我们遇到问题的时候也要像韩信那样，根据现有的条件，条理清晰地将问题解决。

悦读链接

韩　信

韩信是汉代开国名将，被萧何誉为"国士无双"，刘邦评价他："战必胜，攻必取，吾不如韩信。"

韩信是中国军事思想"谋战"派代表人物，"国士无双"、"功高无二，略不世出"是楚汉之时人们对其的评价。

作为统帅，韩信率军偷渡陈仓、定三秦、擒魏、破代、灭赵、降燕、伐齐，直至垓下全歼楚军，无一败绩，天下无人可以与之相争。

悦读必考

1.韩信是怎样帮两个油贩子平均分配好油的？

_____

_____

2.现实生活中我们都有哪些称重的方法呢？你会用吗？

_____

_____

三换老师的许衡

同学们，知识的海洋是无穷无尽的，每个人都不可能学习所有的知识。大家喜欢向老师提问题吗？是不是有老师难以回答的问题呢？你是如何来提高自己的学习能力的呢？来看看宋朝的许衡吧！

尴尬

通常是说人遇到的一种处境，让人感觉很难为情，无所适从。

宋元时期，有一个著名的学者叫许衡，他从小就很聪明。

三四岁的时候，邻居对他的父亲说："您的孩子是个神童，还是早点儿请个老师教他，千万别耽误了！"

他的父母觉得很有道理，于是父母给他请了一位老师。许衡读书很快，七岁时就能够掌握十几岁的孩子才学的知识。随着知识的增长，许衡常常提出一些令人难以回答的问题，有时甚至让老师都感到尴尬。

一天，许衡问老师："人为什么要读书呢？"

老师耐心地告诉许衡说，读书可以当官，光宗耀祖。

许衡听了，继续问："难道除了当官，读书就没有别的用处了吗？"

老师被许衡这一反问，弄得不知道说什么好了，只在心里暗自惊讶，这孩子是个很不一般的人。

此后，老师一直留意许衡的一言一行，发现他对任何问题都不轻易放过，极善于刨根问底，不管是书中的要旨理义，还是生活中的寻常事理，他都要追问个明白。

过了不久，老师渐渐地感觉到，要应付许衡的求知欲和好奇心，是一件极不容易的事情。

于是，这位老师便找许衡的父母说："你们的孩子悟性不凡，将来一定大有作为。我才疏学浅，不适宜再做他的老师，请你们另聘高人。"说完便辞去教习。

才疏学浅

才学不高，学识不深（多用作自谦的话）。疏，空虚。浅，肤浅，浅薄。

此后，许衡的父母又接连为他请了三位老师。而这三位老师又都一个接一个相继辞去教习，而且都是出于同样的原因：没有能力满足许衡的要求。

从此，许衡在没有老师指点的情况下，坚持刻苦自学，常常是枕卷而眠，废寝忘食。他如饥似渴地在知识的海洋里遨游，从来感觉不到有丝毫的满足。后来，他终于成为一位才识过人的大学者。

悦读品味

许衡如饥似渴地学习知识，而且敢于向老师提出自己的疑问，渐渐使老师感觉到不能胜任教书于他，后来又连续换了好几个老师，最后许衡只能自

学。故事中举例论证和言语描写是本文的特色。许衡善于思考，敢于提问，对知识的学习永不满足的精神值得我们学习和效仿。

悦读链接

许衡义不摘梨

许衡同众人从洛阳渡河经河阳返乡，正值盛夏，人们又饥又渴，见路边有一梨园，都争着摘梨吃解渴，唯独许衡静坐树下乘凉。

有人不解地问："何不摘梨解渴？"

许衡答道："不是自己的梨，岂能乱摘！"

那人笑其迂腐："世道这么乱，梨树哪有主人！"

许衡正色道："梨虽无主，难道我们的心也无主了吗？"

不久，许衡赴河北大名府讲学，由于恭谨执教，求学的人很多，并题匾其住所为"鲁斋"，从此号称"鲁斋先生"。

悦读必考

1. 用"废寝忘食"一词造句。

废寝忘食：_____

2. 许衡的老师们辞职的原因是什么？

_____

_____

立志从医的华佗

悦读引航

同学们，我们生活在世界上都有一个为之奋斗的目标，也就是理想。大家长大后有什么理想？有没有想学医的？看看华佗是怎么确立自己的志向的？

华佗出生在一个普通的士族家庭，他很小的时候，母亲就因为急病去世了。华佗与父亲相依为命，父亲对华佗寄予了很大的期望，希望他将来能够成才。华佗自幼刻苦攻读，逐渐具备了较高的文化素养。

在当时的封建社会里，读书人大多以出仕做官为荣，华佗则不然。他青少年时期，社会上政治混乱，动荡不安。华佗目睹了官场的腐败和百姓生活的苦难，决心弃绝仕途，选择了一条完全不同的人生道路：终身以医为业，以医济世。

华佗听说琼林寺的长老医术很高明，就不辞辛劳，跋山涉水去拜师学医。

琼林寺的长老看他年纪轻轻，却这么执着地要学医，就收他做了徒弟。白天，华佗在寺中帮着干一些杂活，闲下来的时候就去看师父给人治病，他在一旁仔细观察，并暗暗留心。晚上，他就看医书，经常看到深夜。

相依为命

指互相依靠着生活，谁也离不开谁。

跋山涉水

翻越山岭，蹚水过河。形容旅途艰苦。

惊慌失措

形容吓得慌了手脚，不知如何是好。

束手无策

形容没有办法。束手，捆住了手。

潜心

意思是用心专而深。

一天，长老突然晕倒了，师兄们都惊慌失措，不知该怎么办，一时间竟大喊大叫起来。

华佗正在房里看书，听到叫喊声急忙放下书，向长老的房里跑去。一进门，他就看见师父倒在地上，师兄们围着师父束手无策。华佗主动上前为师父把脉。他低头沉思着，过了一会儿，他说："师兄们不要惊慌，师父的脉象平和有力，应该不碍事的，可能是师父有些劳累，让他休息一会儿就会好的。"大家听了华佗的话，心里也就踏实了。

这时，长老突然坐了起来，哈哈大笑地说："我是想考考你们。现在看来，只有华佗过了我这一关啊！"原来长老并没有生病，而是故意出题考学生的。

回到房里，华佗发现刚才出去得匆忙，碰倒了蜡烛，桌子上的书都烧着了。他没有声张，悄悄地凭着自己的记忆把书默写出来。后来，师父和师兄弟们知道了，都非常佩服华佗。

华佗潜心研究医学，因此他的医术越来越高明。不久，就成了一位远近闻名的医生。他不仅能够治疗一般的病，而且还可以给病人做手术。但是，由于当时没有麻醉药，做手术的时候病人都要承受剧烈的疼痛，因此病人们通常会大喊大叫，四肢乱动，这样手术就不能很顺利地进行。

一次，几个人抬着一个受伤的年轻人来请华佗救治。华佗查看病情后，马上给他做了手术，而且手术进行得很顺利，病人一点儿也没有挣扎。华佗觉得很迷惑：这是怎么回事呢？

华佗左思右想，忽然闻到了那个年轻人身上有酒味。华佗明白了，人喝了酒，到了醉的程度就不知道疼痛了。

华佗从中得到了很大的启示，亲自采集了各种草药，配了许多的药方，做了无数次尝试，终于研制出了一种叫"麻沸散"的麻醉药。"麻沸散"的研制是对世界医学的一个伟大贡献，它比现在西医用的麻醉药早出现了1600多年。

启示

启发指示，使有所领悟。

悦读品味

华佗看透官场的黑暗和腐败，不做官而去学医，决心用自己的医术去拯救众多的病人。"有志者事竟成"，华佗终于学得一手好医术。他辞别了师傅，下山给人治病，并取得了很多举世瞩目的医学成就。可以看出华佗能成功与他的远大理想和坚持不懈的学习是分不开的，我们在学习的过程中也应该学习他这种持之以恒的精神。

悦读链接

刮骨疗毒

有一次，关羽在战斗中右臂被敌人射中一箭。箭头有毒，毒已入骨，又青又肿，不能动弹。

名医华佗听说关羽箭伤不愈，表示能为他割开皮肉，刮骨去毒。

手术进行的过程中，华佗刮骨的声音窸窣刺耳，周围的人心惊胆战，掩面失色，而关羽却依然饮酒弈棋，若无其事。

和关羽对弈的马良早已吓得面如土色，平时棋艺高超的他居然输给了关羽这个臭棋篓子。

等到华佗刮尽骨上的毒，敷上药，缝上线，手术告成，关羽便大笑而起，高兴地说："先生真是神医。看，我的手臂已经屈伸自如，毫无痛楚了。"

华佗感慨地说："我一生行医，没有见过像您这样沉着坚强的人，真是大丈夫！"

悦读必考

1. 为下列词语注音。

（　　）　　　　（　　）　　　　　（　　　　　）

蜡烛　　　　挣扎　　　　跋山涉水

2. 华佗为什么决心弃绝仕途，一心学医呢？

_____

_____

3. 大家知道医院里面做手术病人最需要什么东西吗？

_____

_____

伟大的天文学家张衡

悦读引航

同学们，大家知道地震是很可怕的，全世界每年死于地震的有上万人。但是对于准确预测地震目前还是非常困难的。那么，同学们知道古代是怎么测量地震的吗？

张衡是我国东汉时期著名的天文学家，他一生为科学事业做出了很多的贡献，其中最有名的就是发明"地动仪"。

少年时期，张衡阅读了大量的书籍，知识十分丰富，文章写得也很出色。他34岁那年，皇帝召他进京做官，担任太史令，主管观察天象、记录灾情的工作。

那时经常发生地震，有时候一年好几次。经过不断地钻研、试验，张衡制造了世界上第一台能测量地震的仪器，称之为"候风地动仪"。

这台地动仪用青铜制成，形状像一个大酒樽，圆径八尺，顶上有凸起的盖子，表面有浮雕的篆文、山、龟和鸟兽花纹。这个大"酒樽"的上部镶着八条龙，龙头分别朝东、西、南、北、东北、东南、西北、西南八个方向排列，每个龙嘴都含有一颗铜球。每个龙头下面都蹲着一只张着大嘴的铜蛤蟆。

浮雕

雕塑的一种，在平面上雕出凸起的形。

哪个方向发生地震，朝向那个方向的龙嘴就会因震动而自动张开，吐出铜球。铜球掉在下面蛤蟆的嘴里，会发出响亮的声音。

公元138年的一天，地动仪上正对着西方的龙突然张开嘴，吐出了铜球。张衡知道，西方发生了地震！

他急忙向朝廷报告了这个消息。朝廷上下议论纷纷，都说张衡的地动仪是骗人的玩意儿，但是张衡并

没有对此反驳。

过了几天，驿道的信使飞马来报，在离洛阳500多公里的金城、陇西一带发生了大地震，连山上的大石头都崩塌下来了。有人一算，正是铜球落到蛤蟆嘴里的那天，大家这才信服张衡和他的地动仪。

驿道

古代传递政府文书等的道路，沿途设有驿站。

当时，人们不把地震看作是一种自然现象，而是把地震看作是不吉利的征兆，认为是鬼神在作怪。但是，张衡并不相信，他认真翻阅了有关地震现象的书籍，还对地震灾区进行了多次考察。正因为本着严肃认真的科学态度，张衡才在科学研究领域取得了一个又一个非凡的成就。

征兆

征候，先兆。

张衡不仅在科学研究方面有很高的造诣，在文学、绘画上也很有天赋。他在29岁那年写成的两篇著名的《东京赋》和《西京赋》，至今仍是脍炙人口的好文章。

造诣

指学问、艺术等所达到的程度。

著名学者郭沫若对张衡这样评价道："如此全面发展之人物，在世界史中亦属罕见，万祀千龄，令人景仰。"

悦读品味

张衡少年苦读，不迷信牛鬼蛇神，用科学的态度对待自然现象，并用自己的科学知识创造出了举世闻名的地动仪，以事实证明了自己的发明。张衡不仅是个科学家，还是一个有名的文学家。张衡的实践论证告诉我们，正是由于严肃认真的科学态度，张衡才在科学研究领域取得了一个又一个非凡的成就。我们要向张衡一样，无论做什么事，都应秉着科学的态度，以及实事

求是的精神，敢于坚持自己正确的见解，做一个勇于探索科学的人。

悦读链接

《二京赋》

《二京赋》是张衡赋作中的代表。二京，指汉的西京长安与东京洛阳。《二京赋》包括《西京赋》《东京赋》两篇。

《二京赋》运用文学手法进行社会剖析，其中有政治方面的讽谏、社会事物的描述、历史的反思、哲理的寓含、感情的抒发、意境的想象，诸景毕现，文思泉涌，洋洋洒洒，蔚为大观。其中，《西京赋》描写长安的奢华无度，《东京赋》描写洛阳的俭约之德、礼仪之盛二者对比：表面上是在歌颂东汉，实则是要他们吸取西汉的教训，悔而改之。

《二京赋》不仅文字典雅，取材翔实，更由于它改变了辞赋专一阿谀颂德的陋习，开辟一代新风。后来，被南朝梁昭明太子萧统收入《昭明文选》。郭沫若说，《二京赋》在汉代文学中有优越的历史与文学地位。

悦读必考

1. 张衡发明的地动仪有什么作用？

_____

_____

2. 地震有什么危害？你知道遭遇地震后该如何减少损失吗？

_____

_____

巧用废弃物的"破烂将军"

悦读引航

同学们会常常看到很多的垃圾和废纸，我想大家见到后都躲得远远的。但是你知道吗，很多的不起眼的垃圾也可能变成宝贝！这就是"变废为宝"的道理，让我们来看看古代人废物利用的思想吧。

陶侃是东晋的大将军，为东晋的建立立下了汗马功劳。然而，可能很少有人知道，就是这位大将军，居然节俭到"捡破烂儿"的地步。

汗马功劳
指将士立下战功。后指对事业的辛勤贡献。

陶侃当上八州都督之后，公务非常繁忙，但他还是常常亲自巡视军营，关心士兵的生活和训练。一次，军队里正在受命建造一批武器，他去巡视营地时，看见地上到处扔着一些木片和削好却没有用的竹子头，大家正准备把这些东西当垃圾扔掉。

陶侃看后非常心疼，就命人捡起来放进了仓库，并令人登记造册。手下的人都知道陶侃很节俭，却不知道这位将军捡这些垃圾做什么。

登记造册
把有关事项写在特备的表册上以备查考。

后来，有一年冬天，雪下得很大。腊月三十那天，士兵们聚在一起庆贺新年，天刚好放晴，雪开始融化，兵营前的

道路又湿又滑，行走起来很不方便。陶侃便让人从仓库中拿出木片，铺在路上。这样，泥泞的道路顿时变得好走多了。此事过后，将士们不禁对陶将军的先见之明和勤俭节约的品行充满了敬意。

而不久以后的一件事，更让他们对陶侃佩服得五体投地。当时，大将军桓温将要率兵攻打蜀地，需要很多战船渡长江。由于时间紧迫，陶侃的军队接受了帮助造船的命令。可是等船造到一半时，发现钉船的钉子不够用了，现去采办已然来不及，众将士都不知道该怎么办。

陶侃想起小时候家里的家具坏了，都是用竹钉修补的，于是他立刻命人将前些年收集的竹子头取出来，让士兵们削成竹钉，代替铁钉来钉船。就这样，将士们利用曾经不用的"垃圾"，竟把几十条战船造好了。

不久，桓温将军带领着士兵乘坐这些战船，渡过了滚滚长江，顺利攻克了蜀地。那些竹子头削成的钉子，非常结实，在长江的激流中，不仅不怕江水的浸泡，反而使船更加坚固了。

五体投地
指两手、两膝和头着地，是佛教最恭敬的礼节，形容敬佩到了极点。

悦读品味

陶侃虽然身居高位，但是依然保持着勤俭的良好习惯。他把制造武器剩下的竹头、木屑收集起来，冬天下雪用木屑铺路，打仗造船用竹头做钉子，省了很多麻烦。其实，废物就是放错了地方的资源，在我们生活中有很多的东西都可以重新利用。我们国家是一个大国，人口多、资源少，我们要懂得

勤俭节约，这样我们的生活会更加美好。

悦读链接

陶母退鱼

陶侃从小丧父，与母亲相依为命。他的母亲是一位贤惠而又深明大义的人，为了使儿子出人头地，她在这种家境下，仍然鼓励儿子去结交朋友。一次，为了招待陶侃的一些朋友，手头缺钱的母亲竟然把头发剪了拿去变卖。为此陶侃很受感动，决心好好学习。

陶侃长大后，在一位名士的引荐下，做了一个管理渔业的小官，为了报答母亲的养育之恩，他给母亲捎去一坛腌鱼。

没想到几天后，陶侃却收到了母亲退回的鱼和一封信。

陶侃很奇怪，连忙打开信，信上说："你才当了个小官，就拿公家的东西给我，我不仅没有因此高兴，反倒十分忧愁。要知道，当你起了贪婪之心，后果将不堪设想呀！"

从那以后，陶侃谨记母亲的教诲，忠于职守，为官清廉，曾先后担任过荆江两州的刺史、都督，成为东晋时期的重臣之一。

悦读必考

1. 解释下列词语。

五体投地：_____

汗马功劳：_____

2. 陶侃将木片和削好却没有用的竹子头收起来做什么？

_____

3. 我们应该做些什么来保护我们的家园？

_____

陶渊明的读书"妙法"

悦读引航

　　同学们，学习是我们的任务，年轻的大好时光就是要好好学习，那么为什么有的人学习好？有的人学习不好呢？有没有很好的学习方法呢？请你找出来吧！

　　陶渊明是东晋末期的诗人、文学家、辞赋家，曾在彭泽当过县令，因为看不惯官场上的黑暗，就辞官隐居到了庐山脚下。尽管乡下的生活比较清贫，没有华美的衣服和好吃的食物，但是陶渊明却乐在其中。而这种自由和清新的田园生活，也给陶渊明提供了很多诗歌创作的灵感，开创了中国古典诗歌的一个新流派——田园诗派。

　　当地有个少年读了陶渊明的诗，非常佩服他。有一天，他前来向陶渊明求教："陶先生，我十分敬佩您渊博的学识，很想知道您读书的妙法，希望您能够告诉我，我会万分感激的。"

陶渊明一听这少年是向他讨学习妙法的，先是掩面捋须哈哈大笑说："没听说天下还有什么学习妙法，荒唐，荒唐！"

突然，他收住了笑声，觉得对晚辈后生的幼稚岂能一笑了之，而应循循善诱。于是，他严肃地对少年说："学习是绝无妙法的，而只有笨法。常言道：'书山有路勤为径'，勤学则进，辍学则退呀！"

那少年听罢，似懂非懂。

陶渊明见状，便拉着少年来到他种的稻田旁，指着里面的秧苗说："你蹲在这儿，仔细看看，告诉我它是否在长高？"

那少年注视了很久，直看得两眼发直，仍不见秧苗往上长，便站起来对陶渊明说："没见长啊！"

陶渊明又问道："真的没见长吗？那么，矮小的秧苗是怎样变得这么高的呢？"

陶渊明见少年低头不语，便进一步引导他说："其实，它时刻都在生长，只是我们的肉眼看不到罢了。读书学习，也是一样的道理，知识是一点一滴积累起来的，有时连自己也不易觉察到。但只要勤学不辍，积少成多，就会有学成的一天。"

接着，陶渊明又指着溪边的一块磨刀石问少年："那块磨刀石为何

循循善诱

指善于有步骤地引导别人学习。循循，有次序的样子。善，善于。诱，引导，教导。

有像马鞍一样的凹面呢？"

"那是磨成这样的。"少年随口答道。

"那它究竟是哪一天磨成这样的呢？"

少年摇摇头。

陶渊明说："这是我们大家天天在上面磨刀、磨镰，日积月累，年复一年，石头才成了这个样子。学习也是如此，如果坚持读书，每天都会有所进步啊！"

少年恍然大悟，连忙向陶渊明行了个大礼说："多谢先生指教，学生再也不去求什么妙法了。先生的话我会时时刻刻记在心中。"

悦读品味

陶渊明用庄稼的成长和磨刀石的成型来巧妙地教导了向他求取读书妙法的少年。陶渊明的妙法就是勤学苦读，日复一日，终会有所成。

学习要掌握一定的技巧、方法，并且应该是科学的方法。只有掌握了科学的学习方法，才能学得更好、更轻松、更愉快。实际上，我们在平时的学习过程中，并没有什么"神奇的方法"，唯有持之以恒，坚持不懈，以勤学不已的精神才能达到成功的彼岸，这才是学习、读书的最好方法。

悦读链接

田园诗派

田园诗派是中国古代诗歌的一个流派，最重要的代表人物为东晋诗人陶渊明。古往今来，陶渊明的诗作及艺术对后世产生了深刻的影响。特别是田园诗，它自成流派，一直影响后世诗人创作的发展。

陶渊明的诗歌大部分取材于田园生活，来源于陶渊明对田园生活的深切感受，有的接近于口语，有的近似歌谣；有的直抒胸臆，直接表明了作者热爱躬耕生活之情，语言平淡而自然，朴实而又毫不缺失色彩，给人一种清新、淳美和诗情画意的感觉。

悦读必考

1. 陶渊明开创了中国古典诗歌的哪个新流派？

_____

2. 陶渊明的事例对你的学习有什么帮助？

_____

全能画家顾恺之

悦读引航

同学们，我们国家有很多的画家，你想不想成为画家呢？画家手里的笔有什么妙用呢？读读下面的小故事，来一起揭开答案吧！

顾恺之，字长康，晋陵无锡人，是我国东晋时期多才多艺的大画家。小时候的顾恺之长得虎头虎脑，很结实，父亲给他起了个名字叫"虎头"。小虎头聪明好学，不但爱写诗作文，画画儿也画得很好。

有一天，顾恺之的父亲在家里宴请几位客人。一位客人带来一把华美的乐器——筝，借着酒兴弹奏起来。曲子奏完后，有位客人提议说："这把筝真是太妙了！要是写一篇文章来赞颂它，那才好呢！"

在一旁陪客的顾恺之听了客人的话，略微思索了一下，就提笔写了起来，不一会儿，一篇题为《筝赋》的文章就写完了。然后，他大声地读了起来。

客人们听了连声称赞起来："好！太好了！这篇赋真可以和嵇康写的《琴赋》媲美呀！"

顾恺之听了大家的夸赞并没有沾沾自喜，而是爽快地说："为什么要拿我的文章和嵇康相比呢？不知道我的人，会因为我生得比他晚而看不起我；如果是赏识我文章的人，是会认真评价我的文章的，也就用不着和前人相比。"

听了顾恺之的这番话，大家连连点头，都觉得这个小孩子的确文思敏捷，气概不凡，是个

虎头虎脑
形容健壮憨厚的样子，多指男孩。

沾沾自喜
形容自以为很好而得意的样子。

很有抱负的少年才子。

顾恺之拜名画家卫协为师，苦学苦练。到了十几岁时，他的画便已经十分出色了，渐渐就有很多人都知道这个青年画家的名气了。

东晋兴宁年中，江宁（今南京）有一座瓦官寺刚刚修好，寺里的僧众请当时的社会各界布施。

士大夫们纷纷慷慨解囊，但是最多的一笔布施也没有超过十万钱。

顾恺之也出来布施，他准备捐赠一百万钱。

大家知道顾恺之一向清贫，根本不可能拿出这么大一笔钱，就都以为他在说大话，寺院里的僧众也请他收回自己的承诺。

顾恺之对寺僧说："给我准备一面墙壁。"

他从此就住到寺里，在那间屋子里闭门不出，在墙壁上作画，一直画了一个多月，才完成了一幅维摩诘的画像。但是，这幅画唯独没有画上眼睛。

顾恺之对寺僧们说："第一天到这里来参观此画的人，请他们布施十万钱，第二天来的人，请他们布施五万钱，第三天来的人，就按照惯例收取吧！"

第一天，顾恺之打开了门，为维摩诘像点上了眼睛，顿时，整幅画如龙点睛，光照一寺。前来观看、布施的人如潮水般涌来，整个寺院水泄不通，很快就收得了一百万钱。

慷慨解囊

形容毫不吝啬、极其大方地在经济上帮助别人。慷慨，大方，不吝啬；囊，钱袋。解囊，解开钱袋拿出钱来。

水泄不通

连水都流不进去，形容十分拥挤或包围得非常严密。泄，排出。

悦读品味

顾恺之多才多艺，为筝作赋，赢得客人夸赞，但他不喜欢客人拿他和别人相比，可见顾恺之胸中自有一股豪气。后来，他为寺庙募捐作画，实现自己的诺言，也间接反映了顾恺之的画工确实很好。我们做人也要像顾恺之那样，要有自信，在别人相信自己之前，先做到自己相信自己能行。

悦读链接

顾恺之的"痴"

相传，有一年春天，顾恺之要出远门，于是就把自己满意的画作集中起来，放在一个柜子里，又用纸封好，题上字，交给大司马桓玄代为保管。

桓玄收到柜子后，竟偷偷地把柜子打开，一看里边都是精彩的画作，就把画全部取出，又把空柜子封好。两个月后，恺之回来了，桓玄把柜子还给恺之，并说："柜子还给你，我可没动它。"

顾恺之把柜子拿回家，打开一看，一张画也没有了，惊叹道："我的好画有了灵气，变化而去，就像得了道升天成仙，真是太奇妙了！太奇妙了！"

悦读必考

1. 顾恺之是怎样为瓦宫寺布施了一百万钱的？

_____

_____

2. 同学们知道"画龙点睛"的故事吗？用自己的话叙述一遍吧！

_____

_____

陈子昂摔琴赠文章

悦读引航

我们每一个人都是优秀的，那么怎么让自己发光呢？怎么推销自己的才学呢？阅读下面的故事你就会明白了……

陈子昂，字伯玉，唐朝初年出生于一个富裕之家，是唐朝初期的文学家，初唐诗文革新人物之一。

陈子昂24岁时便考中了进士，本以为武则天很快会给他赐官。可是，一连在京城等了好几个月，却一点儿赐官的消息都没有。其实，那是由于他为人耿直，不会趋炎附势，也不肯巴结权贵，因此受到了冷落。

趋炎附势

奉承、依附那些有权有势的人。

一天，陈子昂正在街上散步，为还没有接到任命的事情发愁，不知不觉就来到了一家乐器店门前。

这时，店里正热闹。陈子昂走上前去一看，原来，大家正在看一把古琴。

店主为了能快点儿卖出去，介绍说："这是汉代时赵五娘寻找蔡伯喈时所弹的琴，是稀世珍宝，价值百万啊！"

众人听店主如此介绍，几个人有意要把它买下来。但是由于价钱太贵，又不禁争论了起来。

这时，陈子昂挤进了人群，看了看左右，对店主说："我愿意出千缗买这把琴！"

缗
缗是古代穿铜钱的绳子，千缗是很多钱。

众人听后，看着陈子昂，没有一个不吐舌头称奇的，心想天底下居然真有人愿意花这么大的代价去买一把古琴，不知道他的琴艺怎么样。

于是，有人问："你善于弹琴吗？能不能弹奏一首，让我们先听为快啊？"

陈子昂对众人一拜，说道："明日请来我住的旅店，我一定备好酒菜，等待大家，到时候自然会弹奏一曲。"

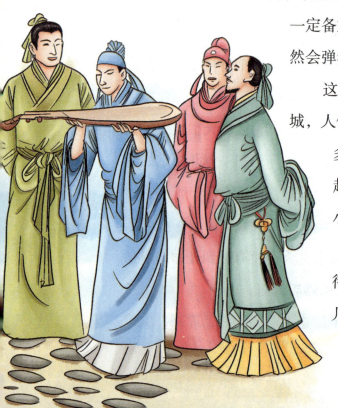

这件事当天就轰动了整个长安城，人们奔走相告。到了第二天，很多人，甚至包括皇亲国戚，都赶到陈子昂的住处。于是一间小小的旅馆被挤得水泄不通。

陈子昂早已经摆下酒宴款待来客。酒过三巡后，他走向几案，捧起古琴，对大家说：

"诸位，在下蜀人陈子昂，自小饱读诗书，熟知经文，有诗文百轴，虽不敢称是字字珠玑，但每篇都是呕心沥血之作。因为刚来贵地，不为人知，至今还沉沦在旅馆中等待消息。对于我来说，弹琴奏曲并不是我擅长的，我岂能存心在大家面前出丑？"说完，他把古琴摔在了地上。只听"砰"的一声，一把千年古琴顿时碎成了数片。

众人见此情景，都很惊讶，而陈子昂却神色坦然，将自己的诗文发给了每个来这里的人。

客人中有精通诗文的文人学士，读了陈子昂的文章后不禁交口称赞。

一时之间，陈子昂的才名传遍了整个长安城。

当时，隐士王适也拿到了一篇陈子昂的诗，读后，他不禁感叹："这个人会成为引领天下文章的一代宗师啊！"

不久，陈子昂有才华的消息传到了武则天耳里。她亲自阅读了陈子昂的诗，认为他确实是一位有胆有识、有勇有谋的人才，便在大殿上接见了他，授予他麟台正字的官职。

后来，陈子昂果然在文学革新上取得了很大成绩，扫除了南北朝时开始盛行的纤弱、萎靡的诗歌风格，社会上一时掀起了学习高雅诗歌的风气。

呕心沥血
比喻费尽了心血。大多形容为事业、工作、文艺创作等用心的艰苦。呕，吐；沥，一滴一滴。

交口称赞
同时。异口同声地称赞。交，一齐。

萎靡
精神不振，意志消沉。

悦读品味

买下昂贵的古琴，然后当众将它摔得粉碎，是陈子昂引起社会注意，让大家看到和听到、进而谈论他的诗作的一种宣传手法。事实证明非常有效，

因为不管他诗文写得多好，总得先让大家知道有他这个人，然后才会去注意到他的诗文，而且发现的确写得很好，于是"一日之内，名满都下"。我们做事情遇到困难的时候，也不妨学一学陈子昂，也许换一种方法就能得到自己想要的结果。

悦读链接

陈子昂

陈子昂，字伯玉，是中国唐代文学家，初唐诗文革新人物之一。因为他曾担任官职右拾遗，后世称陈拾遗。

陈子昂青少年时轻财好施，慷慨大方。他24岁考中进士，以上书论政得到武则天的重视，授麟台正字。后升至右拾遗，直言敢谏。曾因"逆党"反对武则天而被株连下狱。

陈子昂在24岁、36岁时两次从军边塞，对边防颇有些远见。38岁时，因父亲年迈辞官回乡，但不久，他的父亲去世。陈子昂居丧期间，权臣武三思指使射洪县令段简罗织罪名，对陈子昂加以迫害，使他冤死狱中。

陈子昂存诗共一百多首，其诗风骨峥嵘，寓意深远，苍劲有力。其中最有代表性的有组诗《感遇》三十八首、《蓟丘览古》八首和《登幽州台歌》。

悦读必考

1. 比一比，再组词。

纤（　　　）　　　　委（　　　）

千（　　　）　　　　萎（　　　）

2. 陈子昂并不擅长弹琴奏曲，为什么会花很多钱买一把千年古琴，并不惜当众摔坏呢？

_____

_____

3. 你认同陈子昂表现自己的才能和智慧的方式吗？为什么？

_____

_____

柳公权拜师

悦读引航

　　当你得了第一名，是不是很高兴？虽然可以高兴，但是不能骄傲。你知道"虚心使人进步，骄傲使人落后"的道理吗？

　　柳公权是唐朝的大书法家，在当时享有盛名，民间更有"柳公一字值千金"的说法。

　　柳公权从小就喜欢书法，他12岁即能读诗写文章，并写得一手好字，被称为"神童"。因此，他渐渐骄傲起来，还常常在小伙伴面前卖弄。

有一次，柳公权和几个小伙伴比赛书法。

柳公权写道："会写飞凤家，敢在人前夸。"

这时，过来一位卖豆腐脑的老人，他看了看，说："这字写得并不好，好像我的豆腐脑一样，软塌塌的，没筋没骨，还值得在人前夸吗？"

柳公权一听，很不高兴地说："有本事，你写几个字让我看看。"

龙飞凤舞

原形容山势的蜿蜒雄壮，后也形容书法笔势有力，灵活舒展。

卖豆腐脑的老人说："我没读过书，写不好字。可有人用脚都比你用手写得好多了！不信，你去华原城看看吧！"

第二天，天还没有亮，柳公权就起床出发了。一进华原城，就见北街的大槐树上挂了一个幌子，上书"字画汤"三个大字，树下围了许多人。

他挤进人群，只见一个没有双臂的黑瘦老头赤着双脚坐在地上，左脚压纸，右脚夹笔，正在挥洒自如地写对联。老头笔下的字迹似群马奔腾、龙飞凤舞，博得围观人群的阵阵喝彩。

柳公权看了既惭愧，又敬佩，他"扑通"一声跪在老人面前，说："我想拜您为师，请您告诉我写字的秘诀……"

老人对柳公权说："我是个残疾人，生来没有手，只能靠脚讨生活，怎么可以当你的老师呢？"

但是，柳公权还是苦苦哀求。

老人见他这么有诚心，便在地上铺了一张纸，用脚写下了几行字："写尽八缸水，砚染涝池黑；博取百家长，始得龙凤飞。"

从此，柳公权牢记老人的话，发愤练字，博取众家之长，后来自创了"柳体"，成为我国历史上一位伟大的书法家。

发愤

意思是因为不满意而感情激动，突出了精神受到刺激而产生向上的内动力。常用的意思是指下决心、立志。

悦读品味

　　唐代书法家柳公权少年时就写得一笔好字，于是渐渐骄傲起来。但是，一位老者告诉他，有人用脚也能比他写得更好，柳公权心里不服。经过亲眼所见后，他终于能够虚心向人求教，明白了不能骄傲自满的道理。我们在现实中不能满足于一点小小的成绩，就骄傲自大。要知道人外有人，我们应该谦虚谨慎，并像柳公权那样敢于虚心求教。

悦读链接

心正笔直

　　柳公权不但是一位有名的大书法家，还是一位为人耿直、敢于直言的人。

　　有一年，皇帝唐穆宗在一座寺院里，看到了柳公权写的字，心里十分喜爱，很想见一见他，在一起谈论书法。正巧，没过多久，柳公权从自己做官

的地方夏州来朝廷办事。唐穆宗听说柳公权来了，就让他来见自己，把他留在朝廷里做了右拾遗（负责给皇上提建议的官）。

　　一天，唐穆宗和柳公权在一起谈论书法。唐穆宗向柳公权请教说："你的字写得笔法端正、刚劲有力，可我却写不了那么好，怎样用笔才能把字写好呢？"

　　听了唐穆宗的问话，柳公权心想："我早就听说皇上整天吃喝玩乐，不理朝政。我何不借这个机会劝劝他呢？"

　　于是，他对唐穆宗说："写字，先要握正笔。用笔的要诀在于心，只有心正了，笔才能正啊！这跟国家大事是一个道理，不用心不行啊！"

　　听了柳公权的话，唐穆宗知道他是借讲笔法在规劝自己，不由得脸红了起来。

悦读必考

1. 仿写反问句。

这字写得并不好，好像我的豆腐脑一样，软塌塌的，没筋没骨，还值得在人前夸吗？

_____

_____

2. 你会写书法吗？写一篇书法和大家比一比吧！

_____

_____

发奋苦读的范仲淹

悦读引航

同学们都在学习知识，那么我们学习是为了什么呢？是为了我们自己、父母、国家？看完这个小故事也许你会懂得不少。

范仲淹是北宋时期的文学家、政治家。著名的《岳阳楼记》就出自他的笔下，文章中的千古名句"先天下之忧而忧，后天下之乐而乐"，被后人广为传诵。

传诵
指辗转传播诵读；辗转传扬称道。

范仲淹的父亲范墉曾是吴越国的大臣，后来随吴越国王钱俶一同降宋，被任命为武宁军节度使掌书记。范仲淹出生的时候，范家已家道衰落了。更为不幸的是，在范仲淹两岁的时候，父亲去世，使家中的生活雪上加霜。万般无奈之下，范仲淹的母亲带着他改嫁到了朱家。朱家也是家境清贫，范仲淹很想去学堂读书，但继父根本没有钱供他上学。

雪上加霜
比喻一再遭遇灾难，损害愈加严重。

9岁的时候，为了读书，范仲淹就离开了朱家，一个人搬到附近的一座破庙里居住。白天，他帮别人干活挣点儿钱，晚上就点着小油灯读书，生活过得很艰难。为了节省粮食和柴火，他每天早上煮一锅粥，放凉后用刀子划成四份，一天吃两顿，早晚各取两份就着咸菜吃。

鳢
音lǐ，俗称黑鱼。

后来，他听说山东有个鳢泉寺，寺里的方丈很有学问，他就来到鳢泉寺拜师。平日他帮助寺庙里的和尚干一些杂活，空闲的时候就跟着方丈学习文化知识。

寺庙里香火不旺，所以生活很清苦。但范仲淹早已习惯了这样艰苦的生活，只要能向方丈学习，他就已经非常满足了。

一天晚上，范仲淹照例借着月光，**聚精会神**地读书。方丈远远地看见范仲淹那么用功，想起他白天只吃了一点点饭，很心疼。于是，去厨房拿了一小块儿面饼，悄悄地放在了范仲淹面前的石桌上，然后走开了。

范仲淹一心在书本上，根本就没有注意到方丈来过，更没有发现桌子上的面饼。当他站起身的时候，宽大的袖子碰掉了石桌上的面饼，范仲淹随手把面饼捡起来，又放在了桌子上。尽管他的肚子饿得咕咕直叫，可是他不知道这块面饼是谁的，不敢拿来吃，只好咽了咽口水，继续**专心致志**地读书。

过了一会儿，一只老鼠闻到了面饼的香味，跳到桌子上，叼起面饼就跑，钻到一个树洞里不见了。

看到老鼠叼走了那块饼，范仲淹气坏了，他转身拿了一把铁锹，就挖起老鼠洞来。

当他费了好大的力气挖开老鼠洞的时候，发现树根旁边有一个石板，掀起来一

聚精会神
指集中注意力地看，原指集思广益。后形容专心致志，注意力高度集中的样子，没有分神，没有开小差。

专心致志
心里很专一，注意力集中。致，极尽；志，心意、志趣。

看，啊，里面有好多的银子。他又在树根周围挖了挖，发现又有一个石板，下面有许多金元宝。范仲淹心想："不知道是谁把这些金银埋在这里的，我可不能动别人的东西。"于是，他照原来的样子把石板盖上，用土埋了起来，又继续专心读书了。

范仲淹不为名利，心志意坚，刻苦学习，后来终于学有所成，考中了进士，从此步入了仕途。

他当谏官时，大胆揭发吕夷简滥用职权任用私人，受到**贬谪**。后来，他在与西夏的战争中立了大功，又回到朝廷任副宰相。他积极推行新政，又因触犯一部分权贵的利益而遭到排挤，被贬到陕西防守边境，新政也就废止了。

贬谪
封建时代指官吏降职，被派到远离京城的地方。

范仲淹一生艰苦朴素，经常把自己的俸禄分给乡亲，深得人民拥戴。范仲淹"死之日，四方闻者，皆为叹息"，人民"哭之如父"。

悦读品味

范仲淹失去父亲后，母亲改嫁，家庭状况也越来越差，甚至一天只吃两顿稀饭，尽管如此，他也没有忘记读书，拜师之后仍然不忘苦读，虽然贫苦，但是范仲淹始终正直做人，不拿无主之物，坚持自己的做人原则。我们是不是也要像范仲淹那样，勤奋苦读，不怕艰苦，不受外物所诱惑，坚守做人的原则呢？

～ 范公堤 ～

1024年秋，北宋兴化（今江苏省兴化市）县令范仲淹率领来自四个州的数万民夫，奔赴海滨，修筑海堰。

但是，治堰工程开始不久，便遇上夹雪的暴风，接着又是一场大海潮，吞噬了一百多名民工。

一部分官员认为这是天意，堤不可成，主张取缔原议，彻底停工。事情报到京师，朝臣也踌躇不定。

而范仲淹则临危不惧，坚守在海堰之上。大风卷着浪涛冲到他腿上，军民们纷纷惊避，官吏也惊慌失措，范仲淹却没有动，他有意看看身旁的同年好友滕宗谅，宗谅正从容不迫地评论着一段屹立的堤堰。大家发现他两人泰然自若，情绪也安稳下来。

经过范仲淹等人的努力坚持，捍海治堰又全面复工。不久，绵延数百里的悠远长堤，便凝然横亘在黄海滩头。盐场和农田的生产，从此有了保障。往年受灾流亡的数千民户，又扶老携幼，返回家园。

人们感激兴化县令范仲淹的功绩，都把海堰叫作"范公堤"。兴化县不少灾民，竟跟着他姓了范。至今，兴化仍有范公祠遗址，为父老怀念。

1. 写出下列词语的反义词。

衰落——（　　　）　　清贫——（　　　）　　满足——（　　　）

2. 挖开老鼠洞后，范仲淹发现了什么？

_____

3. 你将来想干什么？为什么？

_____

杰出的科学家沈括

悦读引航

  同学们，看看穿梭在马路上的汽车，都需要石油才能跑，没有油他是不可能走的。那么你知道石油来自哪里吗？

  沈括是我国北宋时期一位杰出的科学家、政治家，他懂得考古，热衷于科学研究，重视兴修水利，管理过全国财政。他才智超群，样样精通，不管什么事，他都能做得很出色。

超群
超过一般。

  沈括并不是神童或天才，但有一点与常人不同，就是他不但爱学习，而且好奇心特别重，不论什么事情都要弄个明白。

  "人间四月芳菲尽，山寺桃花始盛开"，当读到这句诗时，沈括便开始思考："为什么我们这里的花都开败了，山上

的桃花才开始盛开呢？"

为了解开这个谜团，他亲自上山实地考察了一番。四月的山上，乍暖还寒，凉风袭来，冻得人瑟瑟发抖。沈括茅塞顿开，原来山上的气温比山下要低很多，所以花季才来得比山下晚呀！

沈括在陕北时，看到当地人用罐子收集从地底下冒出来的一种黑色的液体，用来点灯。他也参加了收集，并亲自动手燃烧。后来，他对这种黑色的液体进行了深入研究，记录了它的各种特性，并将其命名为"石油"，这个名称一直沿用至今。

沈括凭着这种求索精神和实证方法，把自己看来的、听来的、问来的、动手做过的事情，都一一记录下来，经过核实，整理成材料，编撰了《梦溪笔谈》。

《梦溪笔谈》这部书集中记载了沈括一生的科学研究成果，是一部包罗万象、内容宏大的百科全书，是集前代科学成就的光辉巨著，曾被誉为"中国科学史上的里程碑"。

这位博学多才的科学巨人，以自己勤奋不懈的努力，成为中国科学史上的一位卓越的人物。

茅塞顿开
原来心里好像有茅草堵塞着，现在忽然被打开了。形容忽然理解、领会。

包罗万象
形容内容丰富，应有尽有。包罗，包括；万象，指宇宙间的一切景象，指各种事物。

悦读品味

沈括不仅爱好学习，还对很多事物有强烈的好奇心，而且为了解开心中的谜团，不畏艰难地去探索求证，最终成为闻名古今中外的卓越的科学家。当今社会，科学技术日新月异，我们要想跟上时代的步伐，不仅要努力学习，还要像沈括一样，留心处处皆学问，这也是创新精神所需要的。

悦读链接

∽ 胆水炼铜 ∽

沈括随父亲居住在福建泉州时，就听说江西铅山县有一泓泉水呈青绿色，而且很苦，当地村民称为"胆水"，"胆水"就是硫酸铜溶液。

村民将"胆水"放在铁锅中煎熬，就生成了"胆矾"。"胆矾"就是硫酸铜，硫酸铜在铁锅中煎熬，与铁产生了化学反应，就析出了铜。

沈括对这一传说很感兴趣，于是就不远千里来到铅山县，看到了村民"胆水炼铜"的过程，并在《梦溪笔谈》中记录下来。

悦读必考

1.沈括并不是神童和天才，却精通各种科学技术，你知道这是因为什么吗？

_____

2.沈括的故事对你有什么样的启示？

_____

少年苏轼改诗句

悦读引航

同学们也学了不少古诗词，大家都认为他们是经典，那么你敢不敢改动这些诗句呢？你敢不敢向老师讲授的知识发出疑问呢？

苏轼出生在文学世家，他的父亲苏洵是宋代著名的散文家，弟弟苏辙也在文学上有很高成就，父子三人被人们称为"三苏"。

出口成章

话说出来就是一篇文章，形容文思敏捷或擅长辞令。

苏轼（1037—1101），字子瞻，又字和仲，号东坡居士，宋代重要的文学家，宋代文学最高成就的代表。

苏轼幼时聪敏好学，据说他7岁时就读过《诗经》、《尚书》等经典，10岁时能作文，出口成章，是远近闻名的聪明孩子。

苏轼少年时，在四川峨眉山下眉山城西面的寿昌书院里读书。他的老师叫刘微之，是一位学识渊博的学者。

一天，老师在课堂上吟诵了自己新作的一首诗，诗中描写了一只鹭鸶的神态，以及飞走后留下的一片苍茫的景色。老师吟罢，问学生怎么样，几乎所有的学生都说作得太好了。老师**不以为意**，这时他看见一位学生正用手指轻轻敲着桌子，嘴里默默念着："渔人忽惊起，雪片随风斜。"从他的神态来看，这位学生似乎对诗有些看法，就问他："苏轼，你有什么话要说？"

苏轼很有礼貌地站起来，说道："学生有一点不太清楚，想请教老师。这后两句中的'雪片'是不是指鹭鸶受惊时一瞬间掉落下来的羽毛？"老师点头。

苏轼说："学生在江边曾看见过鹭鸶，它掉落下来的羽毛并不像雪花那样随风飘散。"

老师用鼓励的眼光看着苏轼，说："那请你改一改吧！"

众学生也开始讨论。

苏轼沉吟了一下，低声说："雪片落芦苇。"

老师听后，连连称好，说："改得好，改得好！'落'字读起来声音铿锵有力，这样改来，诗的意境要比原来清新优美多了。"

此后，老师就经常和苏轼一起**切磋**诗文，而且告诉别的学生要向苏轼学习。

不以为意
是指不把它放在心上，表示不重视，不认真对待。

切磋
形容人与人之间在道德学问方面相互研讨勉励。

悦读品味

苏轼从小聪敏好学，他对事物的观察细致入微，能够在其他学生恭维老

师的时候，提出自己的见解，深受老师喜爱。我们可以发现成功人士都有自己的特质，他们大都定力很强，思想活跃，为了坚持自己的见解敢于提出异议。我们的生活中需要这样能够坚持自己意见的人。

悦读链接

❀ 乌台诗案 ❀

苏轼43岁时，调任湖州知州。上任后，他给皇上写了一封《湖州谢表》，这本是例行公事，但苏轼是诗人，笔端常带感情，即使官样文章，也忘不了加上点个人色彩，说自己"愚不适时，难以追陪新进"，"老不生事或能牧养小民"。

这些话被新党抓了辫子，说他是"愚弄朝廷，妄自尊大"，"衔怨怀怒"，"指斥乘舆（指皇帝）"，"包藏祸心"，如此大罪可谓死有余辜了。他们从苏轼的大量诗作中挑出他们认为隐含讥讽之意的句子，一时间，朝廷内一片倒苏之声。

这年七月二十八日，苏轼上任才三个月，就被御史台的吏卒逮捕，解往京师，受牵连者达数十人。这就是北宋著名的"乌台诗案"（乌台，即御史台，因其上植柏树，终年栖息乌鸦，故称乌台）。

这一巨大打击成为苏轼一生的转折点。新党们非要置苏轼于死地不可，救援活动也在朝野同时展开，不但与苏轼政见相同的许多元老纷纷上书，连一些变法派的有识之士也劝谏神宗不要杀苏轼。王安石当时退休金陵，也上书说："安有圣世而杀才士乎？"在大家努力下，这场诗案就因王安石"一言而决"，苏轼得到从轻发落，贬为黄州团练副使，本州安置，受当地官员监视。

悦读必考

1. 仿照"鹭鸶""铿锵"，再写出两个具有相同部首的词语。

_____

2. "三苏"是指哪三位文学家？

_____

3. 苏轼将老师的诗句改了，改得好不好？为什么？

_____

陆游的"书巢"

悦读引航

　　"我的屋子里，有的书藏放在木箱里，有的书陈列在前面，有的书像枕头一样平摆在床上，抬头低头，四周环顾，没有一个地方不是有书的。我的饮食起居，生病呻吟，感到悲伤、忧愁、愤怒、感叹，不曾不与书在一起的。"你知道这说的是谁吗？

　　陆游是南宋杰出的爱国诗人，也是著名学者。从童年开始，他就热爱读书。先秦两汉以来的各种重要著作，无不阅览钻研。白天读，夜里思考，**坚持不懈**。

　　陆游是在金兵入侵、中原沦陷、民族危机深重的年代里

坚持不懈
坚持到底，一点儿不松懈。懈，松懈。

051

长大的。敌人的残暴，人民的英勇斗争，激发了他的爱国精神。他勤学苦练，为的是挽救国家的危亡。

为了吸取历史经验，寻求救国之道，陆游发愤苦读，并且给自己住的房子取了个形象的名字："书巢"。

有人问他："喜鹊在树上筑巢，燕子在梁上结巢。上古**有巢氏**，是因为那时还不会修房子。帝尧时代，老百姓也曾结巢而居，因为那时洪水泛滥，平地上住不成。你现在幸而有房子可以住，门啊、窗啊、墙垣啊，应有尽有，和一般人的房子一模一样，却偏偏叫作'巢'，这是什么原因呢？"

他回答说："在我的房子里，柜中装的是书，面前堆的是书，床上枕的、铺的也是书。总而言之，一眼望去，除了书还是书。偶尔想走动走动，却被乱书包围起来，简直寸步难行，往往自己都笑起来说：'这岂不是我所说的巢吗？'"

客人不信，陆游便带他走进"书巢"看看。起初，这个人被书挡住了，进不去；后来，好不容易钻进"巢"，又被书围得水泄不通，左冲右突，还是出不来。于是客人哈哈大笑道："一点儿也不假，像个巢，像个巢！"

有巢氏

中国古代神话人物。传说中他教会了人民筑巢而居。

悦读品味

　　陆游从小就刻苦勤奋、敏而好学。他的房子里、桌子上摆的是书，柜中装的是书，床上堆的也是书，被称作书巢。陆游是个嗜书如命的人，他的生命已经和书完全融为一体。文章间接地反映了陆游爱学习，对知识的无限渴望。在我们这个知识大爆炸的时代，知识就是力量，不学习一些知识和技能就会寸步难行。所以，我们一定要像陆游那样，热爱读书，热爱学习，活到老学到老。

悦读链接

❦ 陆　游 ❦

　　陆游出身于一个由"贫居苦学而仕进"的世宦家庭，自幼好学不倦，12岁即能写诗作文。

　　陆游出生第二年，金兵攻陷北宋首都汴京，他于襁褓中便随家人颠沛流离，因受社会及家庭环境影响，自幼即立志杀胡（金兵）救国。

　　陆游在饱经战乱的生活经历中受到深刻的爱国主义教育。他20岁时与唐婉成亲后，被他的母亲强行拆散，唐婉后来早逝，导致陆游的感情伤痛终其一生，《钗头凤》《沈园》等名作即是为此而作。

悦读必考

　　1. 比一比，再组词。

　　斋（　　　　）　　　　巢（　　　　）

　　而（　　　　）　　　　果（　　　　）

2. 陆游为什么将自己的房子叫作"书巢"？

_____

3. 你喜欢读什么书？为什么？

_____

黄道婆织布

悦读引航

同学们，我们的衣服、鞋子等，很多的生活用品都是用布做成的，那么你知道布的来历吗？纺纱工具和机器你见过吗？

1245年，黄道婆出生在南宋末期松江乌泥泾的一个农民家庭。由于家境贫寒，她从小就被卖给人家当童养媳。因不堪忍受婆婆的虐待，黄道婆趁人不备，逃到黄埔江边，随海船漂流到海南岛的崖州。

崖州是黎族人居住的地方。当黄道婆只身来到这里时，黎族人热情地收留了她。

当时，海南岛的棉纺织技术已经十分先进，织出的黎单、黎饰都非常精美，漂亮，黄道婆很羡慕，就虚心向黎族妇女学习。她很快就成为一个出色的纺织能手。

　　黄道婆在崖州生活了二三十年，心中无时无刻不在思念故乡。1295年，元代初期50岁的黄道婆终于告别了黎族同胞，带着先进的纺织技术，搭海船回到了家乡。

　　黄道婆重返故乡，看见女人仍然用红肿的手剥棉籽，男人依旧用小竹弓弹棉花，而且织出来的布还像从前一样粗糙，便毫不保留地把自己精湛的织造技术传授给乡亲们。

精湛

精熟深通，是指某样技艺十分熟练。

　　后来，黄道婆还根据自己几十年丰富的纺织经验，对家乡落后的纺织工具进行改造，把单锭手摇纺车改为三锭脚踏纺车，使纺纱效率一下子提高了两三倍，成为当时世界上最先进的纺纱工具。

驰名

声名传播得很远。

　　乌泥泾的女人们在黄道婆的热情指点下，学会了纺织被褥，还能在上面织出美丽的图案。

　　后来，"乌泥泾被"驰名全国，松江一带成为全国的纺织业中心。那里至今还流传着"黄道婆，黄道婆，教纺纱，教织布，两只筒子两匹布"的歌谣。黄道婆，由于传授先进的纺织技术以及推广先进的纺织工具，而受到百姓的敬仰。在清代的时候，被尊为布业的始祖。

悦读品味

黄道婆把在海南学得的棉纺织技术带回家乡，在上海松江一带推广传播。并经过改革，创造出一套先进的棉纺工具和纺织技术，造福一方。就像现在有很多人外出求学，学成之后返乡，为实现家乡的繁荣昌盛而贡献自己的力量。我们也一定要努力学习，将来为国家的发展增砖添瓦。

悦读链接

乌泥泾被

黄道婆把她从黎族人民那里学来的织造技术，结合自己的实践经验，总结成一套比较先进的"错纱、配色、综线、絜花"等织造技术，热心向人们传授。因此，当时乌泥泾出产的被、褥、带、帨等棉织物，上有折枝、团凤、棋局、字样等各种美丽的图案，鲜艳如画。一时"乌泥泾被"不胫而走，附近上海、太仓等地竞相仿效。

这些纺织品远销各地，很受欢迎，很快淞江一带就成为全国的棉织业中心，历几百年之久而不衰。16世纪初，当地农民织出的布，一天就有上万匹。18世纪乃至19世纪，淞江布更远销欧美，获得了很高声誉。

当时称淞江布匹"衣被天下"，这个伟大的成就其中当然凝聚了黄道婆的大量心血。

悦读必考

1. 写出下列句子中带下划线词语的近义词。

黄道婆很<u>羡慕</u>，就虚心向黎族妇女学习。很快，她就成了一个<u>出色</u>的纺织能手。

(   )   (   )

2.黄道婆为什么要逃走？她逃到了哪里呢？

_____

3.说一说，我们现在穿的衣服是怎么得来的？

_____

郑和下西洋

悦读引航

    我们的国家拥有广阔的海岸线，陆地上又与许多其他的国家接壤。那你知道有哪些国家与我们是邻国吗？古时候中国是怎么和那些国家交往的呢？当时我们的航海技术又怎么样呢？让我们跟随郑和的脚步去看一下吧！

    郑和，原姓马，小名三宝，又叫作三保，出生在云南的一个回族官员家庭。他的父亲和祖父去麦加朝圣过，由此积累了一定的航海经验。郑和很小的时候就学到了这方面的知识。后来，他进燕王府当了太监，因聪明能干，受到明成祖朱棣的赏识，便赐名给他——郑和。

朝圣

教徒朝拜圣地的宗教活动。

浩浩荡荡

原形容水势广大的样子。后形容事物的广阔壮大，或前进的人流声势浩大。

1405年，郑和率船队自苏州刘家河出发，经福建沿海，浩浩荡荡地扬帆南下。郑和当时出使的"西洋"指的是我国南海以西的海洋与沿海各地。郑和船队规模庞大，大约有27000人，不仅有士兵、水手，还有技术人员、翻译和医生等；舰队由两百多艘大船组成，最大的船长达四十四丈，宽十几丈，在当时是非常少见的。

郑和第一次出海，到了占城（今越南）、锡兰等国家。每到一国，他首先是上国书，然后送礼物给国王，表明明朝政府的友好、善意。许多国家见郑和如此友好，都对他们以礼相待，有的还派使臣随船带贡物回访。

船队返航经过旧港时遇到了麻烦，由于在旧港有个叫陈祖义的海盗头目，听说郑和船队带有大批宝物，就和同伙商议，假装迎接，趁他们不备，进行偷袭。幸亏有个当地人得知此事，暗中派人通知了郑和。

郑和也想趁机杀一儆百，让其他图谋不轨的海盗不敢再轻举妄动。于是郑和布下天罗地网，他把大船散开停在旧港外，命令手下将士做好应战之准备。

夜深时，陈祖义以为郑和船队疏于防范，便亲自率领一帮海盗前来偷袭。谁知刚到近前，只听一声炮响，周围大船都靠拢过来，把海盗的船围得风雨不透。明军从大船上射箭、丢火把，霎时间，海盗的船着起了大火。陈祖义等众海盗走投无

路，万般无奈之下，只得投降归顺。

郑和等人一路千辛万苦，终于返回京城。明成祖见各国使者送上大批宝物，大喜过望，重赏了郑和。

郑和在28年内，先后7次远航，到达了现在的东南亚各国、阿拉伯半岛，最远到了非洲的东海岸。他每到一地，都拜会当地的国王和首领，赠送礼品，表示友好。

和西方有些探险家掠夺财物、抢夺奴隶的做法不同，郑和远航是为了友谊和交往。他和各国人交往时，总是彬彬有礼，精神抖擞，给人留下了美好印象。现在的东南亚许多国家，还有以"三宝"命名的城市、港口和其他地名。郑和下西洋在世界航海史上是最早的，为祖国赢得了友谊和荣誉。

阿拉伯半岛

是世界上最大的半岛。向西它与非洲的边界是苏伊士运河、红海和曼德海峡。向南它伸入阿拉伯海和印度洋。向东它与伊朗隔波斯湾和阿曼湾相望。

悦读品味

郑和七下西洋，打击了海盗，克服了各种艰难险阻，打通了由中国通往南洋各国的海上交通，在海外宣扬了中国的国威，加强了我国和亚非各国的友好交往。郑和下西洋是世界航海史上的壮举，比欧洲航海家的远航早半个多世纪，郑和是我国也是世界历史上伟大的航海家。郑和的远航，促进了中国和亚非各国的经济交流，加强了我国和亚非各国的友好关系。

悦读链接

郑 和

元朝初年，郑和的祖先移居云南，是元朝云南王麾下的贵族，时称"色

目人"，世代信奉伊斯兰教。郑家在当地很受人们的尊敬。郑和原本姓马，名"和"，生在一个富有冒险精神的家庭里，祖父和父亲都曾经跋涉千里，朝觐麦加，因而被当地百姓尊称为"哈只"，即"巡礼人"或朝圣者之意。郑和母亲姓温，非常贤良，她有一个哥哥，两个姐姐，哥哥叫马文铭。

1381年，朱元璋为了消灭盘踞云南的元朝残余势力，派手下大将傅友德、蓝玉等率三十万大军，发起明平云南之战。在战乱中，年仅11岁的马和被明军俘虏，被阉割，在军中做秀童。后来，进入南京宫中，在14岁那年来到北平的燕王府。燕王朱棣见马和聪明、伶俐，便把马和留在身边，成为燕王的亲信，为了提高身边服务亲随的文化水平，朱棣不仅挑选学识丰富的官员到府中授课，而且还让他们随意阅读府中的大量藏书。天资聪颖、勤奋好学的马和很快便成了学识渊博的人。

由于马和身材魁梧，知识丰富，思维敏捷，出色地完成燕王委派他的使命，得到朱棣的器重，"内侍中无出其右"，尤其是在靖难之役中，马和立下大功，更为朱棣所赏识。在永乐二年（1404）正月初一，朱棣以赐姓授职的方式表达他对有功之臣封赏与恩宠时，马和被赐姓"郑"，从此便改称为"郑和"。同时，升迁为"内官监太监"，相当于正四品官员，史称"三宝太监"。

悦读必考

1. 造句。

彬彬有礼：＿＿＿＿＿＿＿＿＿＿＿＿＿＿＿＿＿＿

2. 郑和为什么要率领士兵和水手乘船下西洋？

＿＿＿＿＿＿＿＿＿＿＿＿＿＿＿＿＿＿＿＿＿＿＿＿

3. 你坐过船吗？去的最远的地方是哪里？

_____

聪明正直的唐伯虎

悦读引航

　　同学们，你知道"唐伯虎点秋香"的故事吧，但是那只是电影电视中的片段。下面将为你呈现一个不一样的唐伯虎，他究竟是什么样的形象？看看下面的文章你就知道了。

　　唐伯虎，名寅，号六如居士，是明朝著名的书画家和文学家。他是"吴中四才子"之首，又是"明四家"之一。

　　唐伯虎从小就很聪明，而且为人正直，有这样一个有趣的故事：

　　大概在唐伯虎13岁那年，本乡有一个商人来找他画像，并且对他说："你如果画得像我，我就给你十两银子。"

　　唐伯虎故意说："我平时为人画像，本来是每张像要收二十两银子的，因为你是本乡人，十两就十两吧，但是我们有言在先，如再少分文，我便不给你画。"

　　那商人道："好，那就一言为定。"

　　其实，别看唐伯虎年纪小，却有副侠义心肠，爱打抱不平。今日所以与这

讨价还价

卖主讨价，买主还价，指买卖双方商议商品售价。现常比喻接受任务或举行谈判时提出种种条件，斤斤计较。

位商人讨价还价，是因为这个商人是个有名的奸商。唐伯虎深知其品行，有意借画像之机整治他一下，为百姓出一口气。

两天后，那个商人前来取画像，唐伯虎把画像拿出来给他看时，那商人左看右看，看了半天，对唐伯虎说："怎么越看越不像我呢？这样吧，我给你五两银子，画像我拿走，你看怎么样？"

唐伯虎早就料到他会有耍赖这一招，于是立即把像卷了起来，对他说："我早已有言在先，十两银子不能再少，既然你觉得我画得不像你，就另找高明吧！"随后，便把画收了起来。

悖悖

怨恨，愤怒。

那商人一见，也不好意思再改口，只好故作悖悖的样子走了。

第二天，唐伯虎索性又加了几笔，把这张画像拿到集市上拍卖，标价是二十两银子。由于唐伯虎把这张画改了，使那画像变得贼头鼠目，脖子上还套着铁链子，俨然是一副被官府捉住的小偷模样，丑态百出，引来不少百姓在这幅画像前指手画脚，说

三道四。

恰在这时，那个商人走了过来，一看，竟是自己的画像被丑化得不像样子，不由得恼羞成怒地说："你为什么把我画成这个样子？"

唐伯虎不慌不忙地说："你不是说这不是你的画像吗？既然不是你的画像，你又为何前来干预？"

观众中也有不少人窃窃私语说："像他，像他，像极了！"

那商人听了，越发感到无地自容，他怕引来更多围观的人，便急忙扔下二十两银子，卷起画像，灰溜溜地走了。

唐伯虎和围观的百姓，望着那商人远去的背影，哈哈大笑起来。

恼羞成怒

由于羞愧和恼恨而发怒。

窃窃私语

指背着人悄悄地说话。私，私下，背地里。

悦读品味

唐伯虎从小画工就很厉害，有个奸商找他给自己画像，唐伯虎知道那人比较奸诈，就先谈好价格。可是画好之后，那人果然想耍赖。唐伯虎就把画收走，添了几笔变成了一个猥琐人物的肖像，奸商只好多付银两将画买走，成为人们的笑话。唐伯虎利用自己的聪明才智打击了奸商的嚣张气焰。生活中，我们也会遇到少许的奸诈之人，请睁大眼睛，用自己的智慧，机智勇敢地同他们做斗争。

❀ 会试泄题案 ❀

唐寅29岁到南京参加乡试，中第一名解元。正当他踌躇满志，第二年赴京会试时，因牵涉科场舞弊案而交厄运。

当年京城会试主考官是程敏政和李东阳，两人都是饱学之士，试题出得十分冷僻，使很多应试者答不上来。其中，只有两张试卷，不仅答题贴切，且文辞优雅，使程敏政高兴得脱口而出："这两张卷子定是唐寅和徐经的。"这句话被在场人听见并传了出来。再加上徐、唐两人在京师的行动惹人注目，会试中三场考试刚结束，便蜚语满城，盛传"江阴富人徐经贿金预得试题。"户科给事华昶弹劾主考程敏政泄题，考生徐经、唐寅买题。

明孝宗敕令程敏政不能阅题，其所录之卷，由大学士李东阳会同其他试官进行复审，徐经、唐寅不得在录取之列。但是，舆论仍喧哗不已。朝廷为平息舆论，决定由锦衣卫加以审讯，最终徐经、唐寅两人削除仕籍，发充县衙小吏使用，程敏政罢官还家，华昶因奏事不实，也遭降职处分。

一场科场大狱，以各打五十大板而结案。事后三个被告均不服，程敏政回家后，愤郁发疽而亡，唐寅耻不就吏，归家后消极颓废，筑室"桃花坞"以自娱。

1.唐伯虎为什么要故意捉弄这位商人呢？

2.唐伯虎的什么精神值得我们学习？

_____

_____

才思敏捷的徐文长

悦读引航

同学们在自己的生活中，肯定遇到过一些难题，是不是你自己解决的呢？我们中国有句古话"自古英雄出少年"。读了童年时代的徐文长的故事，你会有不少启发，我们应该向他学习什么？还是先看看他的故事吧！

明朝时期，江南有一个有名的才子叫徐渭，字文长，他从小才思敏捷，聪明过人，民间流传着很多他的机智故事。

有一年春天，徐文长的伯父想试试孩子们当中谁最聪明。他拿了两个小木桶装上水，把十来个年纪相仿的小孩子领到一座又矮又小的竹桥边，说："孩子们，你们能把这两桶水拎过去吗？谁要是能够拎过桥去，我就送给他一包礼物。"

敏捷

（动作等）迅速而灵敏。

"好！"孩子们叫了起来。可是，马上就又没有了声音。因为孩子们看看这座桥，就害怕了。原来，这座竹桥的桥身很软，由于最近下了大雨，河水涨了上来，桥身已经和水面很贴近了。普通的孩子拿三五斤东西还能**勉强**过桥。如果拿的东西太多，就会把桥身压下去，浸到水里了。

勉强
意思是能力不够，还尽力做。

这时候，一个胆子比较大的孩子站了出来，他拿起两桶水想走过桥去，可是，才走了几步，桥就开始往下弯，这个孩子的鞋很快就被水浸湿了。别的孩子看见了，都觉得太危险，**一时间**都不知如何是好。

一时间
是指在短时间之内。

徐文长见大家一声不响，便走了出来说："既然大家都拎不过去，就让我来试试吧！"说着，徐文长就脱去了长袍，又脱去了帽子和鞋。他先拿一桶水放到水里试了试，接着又找来了两根绳子，拴在两个水桶上，随后把水桶放在水里，用绳子牵着两桶水在桥上走。原本装满水很沉的木桶，现在借着水的浮力，重量减轻了很多。这样，徐文长便轻轻松松地走到了河对岸。

"真棒！"孩子们见徐文长过了桥，各个拍手叫好。他的伯父在旁边看了，也不住地点头。

伯父取出了已经准备好的礼物。孩子们一看，咦？礼物不是在伯父的手里，而是在一根长长的竹竿上吊着。

伯父拿着竹竿，对徐文长说："现在礼物就吊在上面，你要拿，就必须答应我两个条件：一是不能把竹竿横放下来，二是不能垫着凳子去拿。你要是能取下来，这礼物就归你。"

怎么能够得到这份礼物呢？这时，孩子们又叽叽喳喳地议论开了：有的说跳起来去够，有的说把竹竿砍断……

站在一旁的徐文长想了想，就走上前去，笑着说道："我一定遵守伯父的条件。"说着从伯父的手中接过竹竿，然后把竹竿拿到一口井的旁边，将竹竿慢慢地从井口竖着放了下去。当竹竿放到和他一样高的时候，徐文长就笑呵呵地把礼物从竹竿头上取了下来。

大伙都夸徐文长聪明，伯父也捋着胡子欣慰地笑了。

叽叽喳喳
象声词，形容杂乱细碎的声音。

遵守
是指依照规定做，不违背。

悦读品味

徐文长的伯父想考验徐文长和十来个年龄相仿的小孩子，结果只有徐文长用他的聪明智慧获得了伯父的礼物和夸奖。当我们在学习上或者生活中遇到不解的难题时，就应该像徐文长那样开动脑筋，尝试从不同的角度考虑问题，从而找出解决问题的方法。

悦读链接

徐 文 长

明代文学家徐文长，本名徐渭，以字行。徐渭很有学问和才华，12岁便能落笔成章，但是屡试不第。

有一次考试，徐渭看过题目便一挥而就。文章虽短，却很精辟。剩下许多时间没事干，他便在卷子空白处先画上神像，又画上供桌和祭品，还画上他自己

穿着举人的服装在祭祖。画完后，又写上"不过如此"四个字。

主考官看了卷子，很佩服徐渭的短文，后来看到那幅画后，却连连摇头，最后在他卷子上批道："文章太短脸皮厚，名次排在孙山后。"徐渭当然没考上了。

三年后，徐渭又去赴考。谁知又遇到原先的那个主考官。徐渭心里很火，便在卷子上大作文章，列举了科举中种种弊病和黑暗，他越写越火，越火文章就写得越长，试卷写不下，就写在桌面上抽屉边上凳子上，最后连凳子脚上都写满了。

交卷时间到了，徐渭就把试卷连同桌子凳子一齐背上去交给主考官。主考官大吃一惊："你要干什么？"

徐渭笑道："你不是喜欢长文章吗？我就写篇长文章给你看看吧！"

徐渭讽刺戏弄权势的这件奇闻，很快传了出去，从此，他被人叫作"徐文长"了。

悦读必考

1. 比一比，再组词。

敏（　　　）　　欣（　　　）　　慰（　　　）

悔（　　　）　　欣（　　　）　　慰（　　　）

2. 按照句式，仿写句子。

一是不能把竹竿横放下来，二是不能垫着凳子去拿。

_____

3. 徐文长是怎样将两桶水拎过桥的？

_____

解缙巧化僵局

孩子们，一个人聪明与否，体现在面对难以预料的突发事情的处理方法上。面对突如其来的意外的事情你知道怎么处理吗？你会不会手忙脚乱呢？能不能心平气和地认真解决问题呢？下面的故事也许对你有所启发。

解缙是明朝的第一位内阁首辅，也是一位大学者。他才华横溢，很受明成祖的赏识，但也因此遭到一些人的妒忌。

有一天，一位画家献给明成祖一把扇子。明成祖展开一看，扇面上画着山水杨柳，没写一个字。明成祖有意想考考当朝才子解缙，就把他叫到面前，让他根据画中的意境作一首诗或词。

解缙一看画面，知道是按照唐朝诗人王之涣的诗《凉州词》画的。诗的原文是这样的：

黄河远上白云间，一片孤城万仞山。

羌笛何须怨杨柳，春风不度玉门关。

解缙不假思索，提起笔来将这首诗一挥而就，呈给明成祖。

明成祖看了连连点头叫好，命大臣们传阅

欣赏。

　　大臣中有个叫高照的，早把解缙视为眼中钉。这回，他看到解缙又一次得到明成祖的赏识，心里很不痛快。他不情愿地接过扇子，胡乱看了一下，正想递给下一位大臣，忽然他发现了异样，就将扇面上这首奔放流畅的诗从头到尾仔细再看了一遍。高照高兴坏了，心想终于让自己逮着了机会，可以除掉这个有力的竞争对手了。他立即上前禀告皇上："解缙竟敢欺骗皇上，真是胆大包天。诗中漏了一个'间'字，请皇上明察。"

　　明成祖接过扇子仔细一看，发现果然漏了一个"间"字。他勃然大怒，立即把扇子扔在解缙面前，要治解缙的罪。

　　解缙跪在地上，拾起扇子一看，吓出一身冷汗，心中暗暗责骂自己糊涂，犯欺君之罪是要砍头的。解缙呆了一会儿，突然心生一计，哈哈大笑起来，说："请皇上息怒。臣写的不是王之涣的诗，而是臣的新作，是一首词。皇上请听臣念一遍：黄河远上，白云一片，孤城万仞山。羌笛何须怨？杨柳春风，不度玉门关。"

　　明成祖听了无言以对，心中连赞解缙机智。他马上宣布解缙无罪，还赐酒替他压惊。高照见自己弄巧成拙，气得差点儿昏过去。

奔放

思想感情、诗文气势等无拘束地尽量表达出来，不受拘束。

勃然大怒

形容人大怒的样子。勃然：生气时脸变色的样子。

弄巧成拙

想要巧妙的手段，结果反而坏了事。

悦读品味

本文通过解缙写了王之涣的《凉州词》，永乐皇帝大为高兴，传扇给群臣观赏。有人指出解缙对皇上大不敬，漏写了"间"字，永乐板着脸，场面立刻紧张起来了，解缙发现确实如此，但是他急中生智通过改变断句，赢得了皇帝的谅解！解缙处变不惊，用自己的机智和聪明化解了一场灾难，值得我们赞扬和学习。

悦读链接

一门三进士

洪武二十年（1387），18岁的解缙第一次参加江西省乡试，就一举夺得第一名，人称"解解元"（乡试第一名称"解元"）。

第二年解缙赴京参加会试，列为第七名，经殿试，被录为二甲进士。他的哥哥解纶和妹夫黄金华也同榜登进士。

解缙虽然与状元擦肩而过，但解氏家族"兄弟同登第""一门三进士"的消息传出，立即轰动了解缙的家乡吉水，也轰动了京城（今南京市），一时传为盛事。

悦读必考

1. 解缙将"黄河远上白云间，一片孤城万仞山。羌笛何须怨杨柳，春风不度玉门关"改为"黄河远上，白云一片，孤城万仞山。羌笛何须怨？杨柳春风，不度玉门关"，请你说说这样改好在哪。

2.请你试着将杜牧的《清明》也改写成长短句。

_____

_____

_____

曹雪芹送礼

悦读引航

　　大家都有自己的朋友，每个人也需要朋友，没有朋友我们的生活就不会丰富多彩，那么你知道怎么交朋友吗？交朋友的准则有哪些呢？这篇故事就会告诉你一些做人的道理……

曹雪芹

（约1715—约1763），名霑，字梦阮，号雪芹，又号芹溪、芹圃，清代著名小说家。

　　曹雪芹出身于清代有名的官宦之家，后来由于曹家插手皇室内部权力的纠纷，被牵连查抄了。当时，曹雪芹已经十岁了，他亲身感受到了生活的巨大变化，幼小的心灵也受到了很大的打击。

　　后来，曹雪芹根据自己的经历，开始了创作《石头记》，书还没有写完，就得到了民间的争相传抄、阅读，曹雪芹渐渐出了名。

一次，有个郝老爷要过五十大寿。他广发帖子给下级官员和当地一些稍有名气的人，名义上是请大家来吃寿筵，实际是摊派收礼，想就此大捞一笔。

摊派
意思是叫众人或各地区、各单位分担。

寿日那天，送礼的人络绎不绝，曹雪芹也来了。他请人挑着两个酒坛，自己拿着画轴，悠哉悠哉地走进了郝老爷家的大门。

郝老爷一见，喜出望外。因为曹雪芹平时很清高，很少到这样的场合。他这一来，自己的身价就高多了，可以在客人面前大吹一通，多有面子呀！

酒席开始，郝老爷命人将曹雪芹送来的两坛酒打开，给每位宾客斟上一杯。随后，他举起酒杯喜形于色地说："诸位，曹老爷送来的美酒，一定非同一般。本人三生有幸，得曹老爷如此赏脸。诸位，请！"说完，他带头一仰脖子把酒一饮而尽。

面面相觑
你看我，我看你，形容大家因惊惧或不知所措而互相望着，都不说话。

奇怪，这美酒怎么什么味道也没有，跟水差不多呢？客人们一一喝干杯中的"酒"后，使劲儿地咂着嘴品尝，面面相觑。但谁也不好问喝的是什么，怕说出不吉利的话来，惹得郝老爷不高兴。

郝老爷也觉得不大对劲，可也碍于情面，不好说破，只好自欺欺人地说："真是好酒哇！"

"对，对，这酒是不错呀！"客人们也都跟着捧场。

这时，曹雪芹哈哈大笑起来，说："我再送您一副对联，请挂上吧！"

郝老爷连忙命人拿来两根挂杆，将对联挂在"寿"字两边。客人们抬头一看，上联是"朋友之交"，下联是"淡淡如水"。

大家顿时大眼瞪小眼，哑口无言，有的人还暗暗羞红了脸。

附庸风雅
指为了装点门面而结交名士，从事有关文化的活动。

郝老爷心里更是叫苦不迭，可表面上还要附庸风雅，装一装正人君子。看着对联，他一本正经地解释说："圣贤有言：君子之交淡如水。水淡而情浓，更显交情之深厚。朋友之交，淡淡如水。高、高、实在是高！"

这么一来，在场的人谁还敢说一个"不"字？

悦读品味

清朝时期，官僚腐败，送往迎来之风盛行，尤其官场间更是处处陋习，而当时大文学家曹雪芹却因为穷困，对这种陋规带来的经济负担苦不堪言。郝老爷做寿，曹雪芹送来清水两坛。利用郝老爷和众多宾客爱面子的特点，让他们有苦说不出，真是活脱脱一幕"皇帝的新装"。当今社会，因为物质生活的改善，奢靡浪费的风气也很浓，我们应该摒弃这种陋习，既减轻大家的经济负担，又节约了社会资源，何乐而不为呢？

悦读链接

曹雪芹名字的由来

据说，曹雪芹出生后三天，正是久旱逢喜雨，他的叔父曹頫很高兴，就给他起名为"霑"。这个字取自诗经上的"既优既渥，既霑既足，生我百谷"，意思是细雨迷迷蒙蒙，那水分如此丰沛足量，滋润大地并霑溉四方，让我们庄稼蓬勃生长，与"久旱逢甘霖"有关。"霑"字也可以与"世 皇恩"挂上钩，是感谢皇上的意思。

"雪芹"这两个字出自苏轼的诗句："泥芹有宿根，一寸嗟独在；雪芹何时动，春鸠行可脍。"意思是说：泥土里留有芹菜的根，只有一寸多长。在这雪地里，它什么时候才能发芽生长呢？要等到春天到来，才可与斑鸠肉一起炒着吃呀！苏轼自注："蜀八贵芹芽脍，杂鸠肉为之。"泥芹之泥虽是污浊，但"雪芹"却出污泥而不染。苏东坡常以"芹"自比。东坡诗里的"雪"，也多是洁白而有保护之意。因此，曹雪芹就给自己改名为"雪芹"。

这就是世界文学巨匠——曹雪芹名字的来由，令后人景仰。

悦读必考

1.解释下列词语。

络绎不绝：_____

面面相觑：_____

2. 曹雪芹的对联实际上是什么含义？

_____

3. 曹雪芹做事的方式对你交朋友有哪些启示？

_____

中国铁路之父詹天佑

悦读引航

　　孩子们，大家都坐过火车，我们国家也建设了很多的铁路交通枢纽，铁路的建设对我们国家的发展具有非常重要的作用。那么，你知道我国最早的铁路是哪一条铁路吗？这条铁路又是谁主持建造的呢？读过本文你就会知道答案了。

　　詹天佑是我国近代科学与工程技术的先驱，杰出的爱国知识分子。他一生致力于国家的铁路建设，并领导了全国铁路技术工作，开拓了我国工程技术事业，因此被称为"中国铁路之父"。

　　1905年，清政府决定兴建北京至张家口的京张铁路，英俄都想插手，但遭到国人的强烈反对。铁路工程师詹天佑**毅然**接下了这项艰巨的任务。

毅然
坚决地；毫不犹豫地。

消息传出后，一些帝国主义分子挖苦说："中国能够修筑这条铁路的工程师还在娘胎里没出世呢！中国人想不靠外国人自己修铁路，就算不是梦想，至少也得等五十年。"他们甚至说詹天佑是"狂妄自大""不自量力"。

身为总工程师的詹天佑顶着巨大压力，坚持不用一个外国工程师。他说："中国地大物博，而于一路之工必须借重外人，我以为耻！"

京张铁路全长200多公里，要经过长城，地势非常险要。詹天佑不辞辛苦，亲自带着测量队，背着标杆、经纬仪等测量仪器，日夜奔波在崎岖的山岭上，终于测量出了经过南口、居庸关和八达岭的路线。

京张铁路最困难的是八达岭隧道工程。为了确保提前建成，詹天佑用了分段施工的方法。他还创造性地运用了"折返线"原理，在山多坡陡的青龙桥修筑了一段"人"字形线路，既解决了最困难的越岭问题，又降低了工程造价。

京张铁路在1909年全线通车，原计划六年完成，结果只用了四年就提前完工，工程费用只及外国人估价的

不自量力

意思是不能正确估计自己的力量。多指做事情力不能及。

五分之一，从而实现了詹天佑提出的"花钱少，质量好，完工快"的要求，得到了一些欧美工程师的称赞。

在修建京张铁路之前，詹天佑已经出色地完成了设计建造滦河大桥的工程。滦河大桥是横跨滦河的铁路桥，是我国第一座近代铁路桥。

湍急
水流急速。

当时，由于桥基地质复杂，再加上水流湍急，打桩非常困难。英国人金达是负责该工程的总工程师，但他束手无策，最后只好找詹天佑来试试。

勘测
勘查和测量。

詹天佑进行了详细的地质勘测后，决定选择新桥址。他认真总结，分析了外国工程师失败的原因，找到了解决办法，终于顺利地打好桥基，建成了大桥。外国工程师都无法解决的大难题，居然被一个中国工程师解决了，在当时，这件事轰动了全国。

轰动
某些突然出现的事物以及它所享有很高的声誉，同时并惊动众人而产生的共鸣效应。

19世纪80年代，詹天佑投身于中国铁路建设事业，先后主持修建了川汉、粤汉、京张等多条早期铁路。在当时技术设备落后的情况下，他大胆创新、勇于实践，创造了铁路修建史上的一个又一个奇迹，博得了中外专家的一致称赞。他主持修建的京张铁路，是我国独立修建的第一条铁路，显示了我国人民的勤劳与智慧，推动了中国铁路事业的发展，为深受帝国主义列强欺辱的中国人民争了一口气。

詹天佑从事铁路事业三十多年，几乎和当时我国的每一条铁路都有不同程度的关系。我59岁那年，他因积劳成疾，不幸病逝。

悦读品味

　　清朝末年，中国经济科技相当落后，为了祖国的荣誉，詹天佑毅然独挑大梁带领中国人建造了第一条自主开发的铁路——京张铁路，开创了中国自建铁路的先河，展现了中国人的创造能力。他还用自己所学知识，加上实地论证，解决了外国人都无法解决的滦河铁路桥问题。詹天佑一生维护民族权益，推动了中国铁路事业和科学技术事业的发展，被誉为"为振兴中华而拳拳奋斗的民族志士"。

悦读链接

铁路桥

　　在修建一条铁路时，常常会碰到江河、山谷、公路或者与另外一条铁路交叉，为了让铁路跨越这些地形上的障碍，就需要修建各种各样的铁路桥梁。

　　铁路桥梁荷载大，冲击力大，行车密度大，要求能抵抗自然灾害的标准高，特别是结构要求有一定的竖向横向刚度和动力性能。

　　一百多年来，中国铁路的建桥技术取得了举世瞩目的进步，研究制造出高强度耐久的新材料，设计出先进合理的桥式结构，拥有科学先进的制造和施工工艺设备。我国设计的桥长可达11700米，墩高可达183米，最大跨度可达300多米。

　　另外，多跨连续梁桥、斜腿刚构桥、柔性拱刚性桁梁桥、栓焊梁桥、平弯桥、双薄壁墩桥、高墩V形支撑桥、斜拉桥、钢拱桥等等科技含量很高的

铁路桥，都出现在我国的大江、大河上，预示着中国桥梁的设计和施工已经达到了世界先进水平。

悦读必考

1. 给下列词语注音。

(   )   (   )   (   )

    勘测   欺辱   积劳成疾

2. 造句。

束手无策：＿＿＿＿＿＿＿＿＿＿＿＿＿＿＿＿＿＿＿＿

3. 我国独立修建的第一条铁路是什么？

＿＿＿＿＿＿＿＿＿＿＿＿＿＿＿＿＿＿＿＿＿＿＿＿＿＿＿

＿＿＿＿＿＿＿＿＿＿＿＿＿＿＿＿＿＿＿＿＿＿＿＿＿＿＿

为祖国找石油的李四光

悦读引航

    他是中国第一首小提琴曲《行路难》的谱写者；他的雕塑和孔子、鲁迅等中华名人一起"落户"在中华世纪坛，供全国人民纪念；他曾是前清进士、同盟会会员、共产党员、中国科学院副院长；他是中国地质力学的创建人；他把"中国贫油论"的帽子甩进了太平洋，他是谁呢？让我们拭目以待。

1889年10月26日，湖北省黄冈县张家湾一个贫寒的家庭里，一个男孩降生了。他是家里的第二个孩子，教私塾的父亲为他取名仲揆。

私塾

旧时家庭、宗教或教师自己设立的教学处所，一般只有一个教师，采用个别教学法，设有一定的教材和学习年限。

1902年冬，传来了省城开办新学堂的消息，仲揆也挑着行李来到了武昌。在填写报名单时，仲揆不小心误将姓名栏当成年龄栏，写上了"十四"。他发觉后，将"十"添上几笔改成了"李"字，但"李四"这个名字可不好听。

他正在为难的时候，猛然抬头看见中堂上挂有一块匾，上面写着"光被四表"几个大字。他灵机一动，就在"李四"的后面加了一个"光"字。于是，仲揆有了一个更响亮的名字：李四光。从此，这个虚岁十四的少年，开始了他灿烂的人生。

1904年7月，李四光以优异的成绩被破格选送到日本留学。在留学期间，李四光加入了同盟会。孙中山先生赞赏他说："你这么小，就参加革命，非常好。你要努力向学，蔚为国用。"

1913年10月，李四光到英国伯明翰大学学习采矿和地质

李四光

阻挠

组织或暗中破坏，使其不能发展或成功。

学，1918年他学成回国，任教于北京大学地质系。后来，他曾多次到英国学习。新中国成立的消息，他冲破重重阻挠，回到了祖国的怀抱，为新中国的建设做出了巨大贡献。

李四光长期从事古生物学、冰川学和地质力学的研究，在鉴定古生物化石、发现中国第四纪冰川和创立地质力学等方面都做出了卓越的贡献。

20世纪初，国际上一直充斥着中国内地没有第四纪冰川的谬论。经过深入调查，李四光收集到很多证据，发表了一系列关于中国第四纪冰川的文章，他的研究成果得到了国际科学界的承认。第四纪冰川理论的确立，是我国第四纪地层学和气候学研究上的一个重要的里程碑。

里程碑

设于道路旁用于记载里数的标志，比喻在历史发展过程中可以作为标志的大事。

在中华人民共和国成立之前，一些西方的地质工作者来到中国调查地质，下了"中国贫油"的结论。李四光进行了大量的地质研究和勘探工作，结合自己对地质构造的研究，他认为中国地下的石油储量是很大的。从东北平原起，通过渤海湾到华北平原，再往南到两湖地区，都可能有石油。

两湖地区

湖南、湖北地区。

果然，根据李四光的地质力学理论，1958年，规模大、产量高的大庆油田被成功探明。此后，大港油田、胜利油田也相继建成，我国"贫油国"的帽子终于被摘掉了。

悦读品味

本文从三个方面向学生介绍我国现代杰出科学家李四光的主要生平：留学归来，报效祖国；确立我国的第四纪冰川理论；为中国地质力学奠基，推

动中国石油和其他矿产资源的开采。这些内容具体而扼要地介绍了李四光在科学研究方面的杰出成就和对我国社会主义建设所做出的主要贡献，反映了李四光精深的专业知识，实事求是的科学态度，以及强烈的爱国主义精神。

悦读链接

李四光毅然回国

1949年秋新中国成立在即，正在国外的李四光被邀请担任政协委员，得到这个消息后，他立即做好了回国准备。

这时，伦敦的朋友（凌叔华、陈源夫妇）打来电话，告诉他国民党政府驻英大使已接到密令，要他公开发表声明拒绝接受政协委员职务，否则就要被扣留。李四光当机立断，只身离开伦敦来到法国。

两星期之后，李四光的夫人——许淑彬接到李四光来信，说他已到了瑞士与德国交界的巴塞尔。夫妇二人在巴塞尔买了从意大利开往香港的船票，于1949年12月启程秘密回国。

回到新中国怀抱的李四光被委以重任，先后担任了地质部部长、中国科学院副院长、全国科联主席、全国政协副主席等职。他虽然年事已高，仍奋站在科学研究和国家建设的第一线，为中国的地质、石油勘探和建设事业做出了巨大贡献。

悦读必考

1.写出下列词语的近义词。

猛然——（   ）　　赞赏——（   ）　　谬论——（   ）

2. 李四光的名字是怎样得来的？

_____

_____

3. 李四光对我们国家还做出了哪些贡献？

_____

_____

勤奋学习的茅以升

悦读引航

　　每个人都希望自己长大后能成才，但要想成才就必须勤奋努力。你想出国留学，就得学好外语，就得早上读，晚上背，勤奋学习；你想当名体操健儿，就得坚持体育锻炼，勤奋练习；你想当一名科学家，就得多看科学书籍，拓宽视野……总之，无论你想要实现怎样的远大理想，不勤奋是根本实现不了的。我国著名桥梁专家——茅以升，就是个典型的例子，我们一起来看看吧。

　　茅以升是我国著名的桥梁专家。他出生在一个贫寒的读书人的家庭里，五岁便上了私塾，后来转学到新型小学——思益学堂。1906年，南京成立了江南中等商业学堂，茅以升小学还没有毕业，就考上了这所学校。他一边在学校上课，一边还在家中跟着父亲、祖父学习。

那年的端午节，因为看龙舟赛的人太多，把秦淮河上的文德桥挤塌了，不少人掉进了河里，有的人还不幸被淹死。小茅以升被这个噩耗惊呆了，心中总在问："桥为什么会塌？中国其他的桥也不牢固吗？"并暗下决心：长大后要造桥，造牢固的桥。

从此，他无论走到哪里，都要对各种桥认真观察、研究，凡是与桥有关的书，他都特别感兴趣。

他的祖父见孙子如此迷恋造桥，就给他讲了"神笔马良"的故事。茅以升渴望得到这支神笔。于是，祖父引导他说："要想得到神笔，首先要掌握秘诀。"在茅以升的一再追问下，祖父提笔写了两个字"勤奋"，接着说："你要掌握这两个字，什么样的桥梁都会从笔下设计出来。"

一再
一次又一次；屡次。

有一天，家里人吃晚饭时找不到茅以升，大家都很着急，找遍了大街小巷都没找到。夜晚，祖父见阁楼里有微弱的灯光，上去一看，才发现茅以升藏在楼里，正聚精会神地读书呢！

聚精会神
集中精神；集中注意力。

祖父问他："你怎么忘了吃饭啊？"

他说："爷爷，你忘了神笔的事了吗？"原来，茅以升正在以实际行动去寻找"神笔"的秘诀呢！

爷爷听了他的解释，没有责备他，反而夸他用功，并说："抽时间我来教教你。"

于是，暑假中，祖父就给他补习古文了。他在南屋放上一张长桌，自己坐在正中，让茅以升坐在横头。他取出一篇王勃的《滕王阁序》，一字一句地给茅以升讲解，讲完之后，还让茅以升背诵、默写、回讲。

他严肃地对茅以升说："读书求其通，光会背不行，还要会讲，会写。相传王勃小时候念书时间长了，嘴里都生出了口疮；写文章时间长了，手指也磨出了茧子。所以15岁那年他就写下了脍炙人口的名篇《滕王阁序》。其中'落霞与孤鹜齐飞，秋水共长天一色'成为千古绝句。"

脍炙人口

美味人人都喜欢吃，比喻好的诗文或事物，人们都称赞。炙，烤熟的肉。

茅以升把祖父的话牢牢记在心中。从此，他每日清晨到河边背诵古诗文，并逐句理解其意。小船扬起风帆从眼前驶过，阵阵渔歌飘荡在河面上；小朋友们在河岸上追逐嬉戏，喊叫声震耳欲聋，而勤奋的茅以升对这一切都视而不见，他一动不动地站在岸边，专心致志地读书。

有一回，他手捧书本，边走边读，不小心撞在一棵大树上，他还惊诧地问："谁碰了我？"

过路人看见后，捧腹大笑，说："真是个书呆子！"

又有一回，他在祖父的书房里翻阅一本有关数学史的参考书。书中说，有不少数学家为了求证圆周率的

精确值，计算到小数点后面几十位、几百位。茅以升想，用背诵圆周率的办法锻炼记忆力该是多么有趣啊！于是，他便和这一连串的数字交上了朋友。最初，他只能背到小数点后面三十二位，后来经过努力，竟能准确无误地把小数点后面一百位数都熟练地背下来。

那年学堂举办新年晚会，轮到茅以升出节目，他站起来说："我既不会弹琴，也不会跳舞，我给大家背个圆周率吧！"说罢，他就清晰地、有节奏地背起了圆周率，一直背到小数点后面一百位。

这种锻炼记忆的方法，茅以升坚持了几十年。直到他已年近九旬，仍能像青年时那样，把圆周率小数点后面的一百位数字，准确无误地背诵出来。

精确

极准确；非常正确；精密而准确。

节奏

音乐中交替出现的有规律的强弱、长短的现象。喻指均匀有规律的进程。

悦读品味

茅以升长大之后，之所以能成为我国著名的桥梁专家，不正是他勤奋努力的结果吗？他之所以那么聪明，不也是因为他的勤奋刻苦而获得的吗？人的智商都差不多，只不过有的人付出的更多，所以才能出类拔萃，如果一个人不勤奋学习的话，再聪明的大脑也会变得迟钝。

现代社会是一个充满竞争的社会，我们只有勤奋努力，刻苦学习，才能掌握更多的科学文化知识，才能跟得上时代的步伐。

悦读链接

茅以升

茅以升是世界著名的土木工程学家、桥梁专家、工程教育家。

1916年毕业于西南交通大学（当时称交通部唐山工业专门学校），1917年获美国康乃尔大学硕士学位，1919年获美国卡耐基理工学院博士学位。茅以升回国后，历任交通大学唐山工学院教授、国立东南大学（1928年更名为国立中央大学，1949年更名为南京大学）教授、工科主任、国立河海工科大学校长、交通部唐山大学校长、北洋工学院院长、江苏省水利厅厅长、钱塘江大桥工程处处长、交通大学唐山工学院代院长及院长、中国桥梁公司总经理、北洋大学校长、中国北方交通大学校长、铁道科学研究院院长等职。1955年，茅以升被选聘为中国科学院院士。

茅以升主持中国铁道科学研究院工作30余年，为铁道科学技术进步做出了卓越的贡献。他积极倡导土力学学科在工程中的应用。

他还曾主持修建了中国人自己设计并建造的第一座现代化大型桥梁——钱塘江大桥，成为中国铁路桥梁史上的一块里程碑。新中国成立后，他又参与设计了武汉长江大桥。晚年，他编写了《中国桥梁史》《中国的古桥和新桥》等。

悦读必考

1. 这句话运用了什么修辞手法？请仿造一句。

他便和这一连串的数字交上了朋友。

修辞手法：_____

造句：_____

2. 茅以升是用什么办法锻炼自己的记忆的？

_____

3. 茅以升的哪些学习秘诀是你可以借鉴的？谈谈你的看法。

_____

揭开雷电之谜的富兰克林

悦读引航

"勇士"这个词语大家都不陌生。今天，向大家介绍一位另类的勇士，他是18世纪电学史上的一位勇士，他揭开了雷电之谜，他就是美国科学家——富兰克林。

富兰克林在电学上有许多重要成就，他的最大贡献是揭示了雷电现象的本质，破除了人们对雷电的恐惧。他发明的避雷针推动了电学和电工学的发展，是有重大应用价值的技术成果。

揭示
使人看见原来不容易看出的事物。

距今200百多年前的一天，在北美洲的费城发生了一件震惊世界的事。这天下午，天气异常闷热，乌云遮盖了整个天

渺无人烟
迷茫一片，没有人家，形容十分荒凉。

空，一场可怕的大雷雨就要来临。在渺无人烟的旷野上，却有两个人在放风筝。他们就是美国著名的科学家富兰克林和他的儿子。

他们这样做并不是为了玩耍，而是要进行一次大胆的科学实验。他们的风筝是用绸子做的，顶端有一根尖尖的金属线，线绳的下面系着一块绸带，绸带和线绳之间挂着一把钥匙。他们要用这个风筝把天上的雷电引下来。

在18世纪以前，人们还不能正确地认识雷电到底是什么。当时，人们普遍相信雷电是因为上帝发怒的说法。一些有识之士试图解释雷电的起因，但都没有成功。

有识之士
有见识的人；有眼光的人。

在这种情况下，富兰克林开始了自己的电学实验，研究静电现象。通过几年的实验和观察，他对当时电学中的一些问题提出了自己的观点。比如，对以往摩擦生电这种说法，他指出："电并不是摩擦产生的，而是自然物体本身含有的东西，物体中所含的电如果超过或少于正常的标准，物体就会带电。"

摩擦
物体和物体紧密接触，来回移动。

接着，富兰克林又发现：天上的闪电和摩擦产生的电有许多相似的地方。于是，他认为：闪电绝不是什么神秘的东西，它只是一种物质，和静电实验中产生的电火花一样。为了证实这个观点，富兰克林决定用风筝把天上的闪电引下来。

父子俩在等待着奇迹的出现。随着一道雪亮的闪电，绳子上的纤维一下子全都竖了起来，富兰克林把手伸到绳子和绸带之间的钥匙边上，只听见"噼啪"一声，冒出了一束蓝色的电火花。他顿时感到手腕一阵发麻。"啊，是电！"他兴奋极了。

这个实验成功地证实了——雷电是一种自然现象，破除了人类对雷电的种种迷信，使人类对电的认识前进了一大步。

富兰克林看到一些高大的物体经常会遭受雷击，像教堂的尖顶、帆船的桅杆以及田野上的大树等，一旦遭到雷击，不仅财产会受到损失，有时还会使人丧命。

能不能想办法避免这种情况的发生呢？他从风筝实验中获得启示，把容易导电的金属棒安放在屋顶的高处，棒的下端接上金属线，套上绝缘的玻璃管，再把线通到地下，这样就把雷电产生的电流引到了地下，使房屋不再受到雷击，这就是避雷针。

200多年来，小小的避雷针保护了无数的建筑物，使许多人免受雷击的灾祸。

迷信

对超自然解释的盲目相信。

绝缘

隔断电流，使电流不能通过。具有极高电阻的物质可以用来绝缘，如橡胶、玻璃、云母等。

悦读品味

　　从前，人们一直认为，天空中出现电闪雷鸣，这是大自然在显示神威。可是，富兰克林却大胆地提出，那是大自然的一种"放电现象"，并亲自做了一个接收雷电的风筝实验。实验完全证实了富兰克林的观点，他在此实验的基础上还发明了避雷针，一直沿用至今，保护了无数的建筑物。富兰克林是18世纪电学史上的一位勇士，他大胆求证的科学精神让我们肃然起敬。

悦读链接

富兰克林

　　富兰克林全名是本杰明·富兰克林，他出生于美国麻省波士顿，是美国著名政治家、科学家，同时亦是出版商、印刷商、记者、作家、慈善家；更是杰出的外交家及发明家。他曾是美国首位邮政局长。

　　富兰克林是美国革命时重要的领导人之一，参与了多项重要文件的草拟，并曾出任美国驻法国大使，成功取得法国支持美国独立的成果。

　　富兰克林曾经进行多项关于电的实验，并且发明了避雷针。他还发明了双焦点眼镜、蛙鞋等。因此，富兰克林被选为英国皇家学会院士。

悦读必考

1.看拼音，写汉字。

　　miǎo　　　　　　　cā　　　　　pī

　　（　）无人烟　　　摩（　）　　（　）啪

2. 富兰克林发明的避雷针有什么作用？

_____

_____

想撬起地球的阿基米德

原始人为了保护自己的洞穴，常常用大石头堵住洞口。怎样搬动大石头呢？也许有一次偶然的机会，有人把树干的一端放在大石头下面，在靠近这一端的树干下恰好有一块小石头。原始人向下一压树干，没费多大力气，石头居然移动了。于是"撬"这个词诞生了。那么给你一个杠杆，你能做些什么呢？杠杆原理又是什么呢？

阿基米德是古希腊著名的数学家、物理学家、发明家，是理论力学的创始人。

阿基米德（前287-前212）是古希腊伟大的数学家、力学家。生于西西里岛的叙拉古，卒于同地。早年在当时的文化中心亚历山大跟随欧几里得的学生学习，以后和亚历山大的学者保持紧密联系，因此他算是亚历山大学派。

杠杆原理

也叫作"杠杆平衡条件"。要使杠杆平衡，作用在杠杆上的两个力矩（力与力臂的乘积）大小必须相等。即：动力×动力臂=阻力×阻力臂，欲使杠杆达到平衡，动力臂是阻力臂的几倍，动力就是阻力的几分之一。

阿基米德最早发现了杠杆原理。杠杆原理是一切机械设计制造的基础，为了让一位国王了解杠杆的重要作用，阿基米德对国王说："如果给我一个支点，我能撬起地球。"这句自信的名言一直流传到今天。当然，这样的支点和杠杆，在现实生活中是找不到的。

阿基米德认为杠杆能在人们的生产、生活中创造无数个奇迹，他也确实利用杠杆原理为国王解决过难题。

当时，国王命人造了一艘很大的船，可是，找不到任何方法将大船推下水。阿基米德为此设计制造了一套杠杆滑轮系统。有了它，只需很小的力气就能拉动重量很大的东西。把这套系统与大船相接后，他将绳子的一端交给国王。

国王顺手轻轻地拉了一下，船便慢慢地移动起来，最后顺利地下水了。围观的人们惊奇万分，称赞这简直是个奇迹。

在物理学方面，除了发现杠杆原理，阿基米德还发现了浮力定律。他是静力学的奠基人和流体静力学的创始人。此外，他还发明了螺旋式抽水机、投石机等多种机械装置。

阿基米德发现浮力定律，源于一个非常偶然的机会。当时，希腊国王请工匠打造了一个十分精巧的纯金

王冠，国王和大臣们都觉得王冠成色不好，怀疑工匠们私自掺假了。国王命令阿基米德判断王冠是否掺假了，但不得使王冠受损。

阿基米德用传统的数学、物理方法计算了好几天，仍没得出结论。有一天，他去洗澡，澡盆里装满了水，当他跨进澡盆时，水溢出了不少。他灵机一动，想到了解王冠之谜的方法，便兴奋地跑到大街上大叫："找到了！找到了！"

阿基米德通过澡盆向外溢水这一现象，联想到水中有一种力量。他通过反复实验证明：无论物体的结构有多复杂，当它完全浸入水中的时候，它排出来的水的体积，恰好就等于它自身的体积。

于是，他当着国王的面进行实验。先准备一个装满水的小盆，将小盆放入一个大空盆里，再把一块和王冠同样重量的金子放进小盆里，这样一来，溢出的水全都流进了大盆里，他用一个小杯子将这些水装起来。他用同样的方法把王冠放进装满水的小盆，用同样的小杯子盛勺溢出来的水。结果，浸泡王冠后溢出来的水比浸泡纯金块溢出来的水多出很多。阿基米德由此判断王冠不是纯金制成的。国王听了他的分析，立刻将工匠找来，工匠只好承认自己做了手脚。

力学中重要的"浮力原理"就这样被阿基米德发现了，人们为了纪念他，就将这一定律命名为"阿基米德定律"。

阿基米德生前最为自豪的是这样一个发现：高和底面直径相等的圆柱体的体积，等于同它内接的球体积的一倍半。

掺假

同"搀假"，把假的掺在真的里面或把质量差的掺在质量好的里面。

王冠

是指君主戴的象征至高权力的帽子，一般由贵重金属制作，镶有宝石。

浸泡

将物体浸入在液体中。

人们遵照他的嘱咐，把一个含有内接球体的圆柱体图案，铭刻在他的墓碑上，作为永久的纪念。

璀璨

形容珠玉等光彩鲜明。

阿基米德取得的成就在科学史上永远闪耀着璀璨的光芒。后世的科学家与名人志士都给予了他很高的评价。

悦读品味

阿基米德利用杠杆原理制作出一套杠杆滑轮系统，帮助国王将大船推下了水。后来因为鉴定皇冠是否纯金打造，在洗澡时无意间发现了浮力原理，也就是阿基米德定律。从阿基米德所取得的成就来看，都是与现实生活息息相关，体现了阿基米德在生活中善于观察、勤于思考的科学精神，正所谓"留心处处皆学问"。

悦读链接

镜子聚光

公元前213年的一天，叙拉古城遭到了罗马军队的偷袭，而叙拉古城的青壮年和士兵们都上前线去了，城里只剩下了老人、妇女和孩子，处于万分危急的时刻。

就在这时，阿基米德为了自己的祖国站了出来。阿基米德让妇女和孩子们每人都拿出自己家中的镜子一齐来到海岸边，让镜子把强烈的阳光反射到敌舰的主帆上，千百面镜子的反光聚集在船帆的一点上，船帆燃烧起来了。火势借助风力，越烧越旺，一艘艘的战船燃烧了起来。

罗马人不知底细，以为阿基米德又发明了新武器，就慌慌张张地逃跑

了。这些武器致使罗马军队惊慌失措、人人害怕，连将军马塞拉斯都苦笑地承认："这是一场罗马舰队与阿基米德一人的战争""阿基米德是神话中的百手巨人"。

悦读必考

1. 阿基米德运用什么原理使船下了水？

_____

2. 阿基米德用什么方法判定王冠是掺了假的？

_____

3. 你能不能举出有关浮力定律的例子？

_____

完美的捧衣天使

悦读引航

同学们，在学校里老师经常让大家写作业，特别是语文字词的书写,有时需要写十遍八遍，这是为什么呢？你有没有反感呢？读了下面的故事也许你就有了启发，知道老师的良苦用心了。

在意大利佛罗伦萨的芬奇镇的一个小村里，公证人的妻子生下了一个男孩，富有的公证人还请来了佛罗伦萨最有名的牧师为孩子洗礼。这个孩子就是后来欧洲文艺复兴时期的大画家达·芬奇。

达·芬奇很小就展露出了绘画天赋，他的父亲便送他去了佛罗伦萨，拜画家和雕塑家费罗基俄为师。费罗基俄让达·芬奇不断地从各个角度画鸡蛋。当达·芬奇不耐烦时，这位老师却告诉他说："这是在锻炼你的基本功，一千个蛋中没有两个是完全一样的！"达·芬奇听了老师的话，认真地画了起来。而最后，他在画蛋中悟出了许多绘画技巧。三年以后，他的手仿佛被上帝赋予了灵气，想画什么就画什么。

有一次，费罗基俄受教堂委托，要绘制一幅《基督受洗》图。到整幅画还剩下背景没有画的时候，费罗基俄的交画时间已经到了，教堂限定费罗基俄必须在复活节前交画，否则就要受到惩罚。此时离复活节仅仅只有七天了。费罗基俄不想敷衍过去，他决定先带着达·芬奇出去写生寻找灵感，然后再画背景。不料途中费罗基俄受寒感冒，高烧不止。由于

达·芬奇

意大利文艺复兴时期的一个博学者，他除了是画家，还是雕刻家、建筑师、音乐家、数学家、工程师、发明家、解剖学家、地质学家、制图师，以及植物学家和作家。

任务紧迫，费罗基俄决定让学有所得的达·芬奇来画背景。写生完毕，达·芬奇赶回佛罗伦萨，经过一天的努力，终于画完了那幅画。

学有所得

经过一段时间学习得到了一定成果，有一定建树，有所成就。

但是第二天早晨，达·芬奇却惊奇地发现，老师以达·芬奇作模特儿画的那个手捧圣衣的天使形象，竟被嫉妒的师兄们刮掉了。他感到事态非常严重，为了维护老师的荣誉，他当即动手来补画这个天使。他找出老师原来的画稿，以自己为模特儿，对着镜子重新画起了捧衣天使。

老师康复归来，看到《基督受洗》图后，他伸出双手紧紧抱住了达·芬奇，兴奋地说："它真是太完美了！"

从此，达·芬奇声名鹊起，成了佛罗伦萨有名的画家。而与他同时期的传记作家瓦萨里曾对达·芬奇有过这样的评价："上天有时将美丽、优雅、才能赋予一人之身，令他之所为无不超群绝伦，显出他的天才来自上苍而非人间之力。列昂纳多正是如此。他的优雅与优美无与伦比，他的才智之高可使一切难题迎刃而解。"

声名鹊起

名声突然大振，知名度迅速提高。

无与伦比

没有能比得上的，多含褒义。

悦读品味

达·芬奇的绘画生涯是从画一只只简单的鸡蛋开始的，他从枯燥无味的画蛋中领略到绘画的真谛。为了维护老师的荣誉，达·芬奇以自己为模特儿，对着镜子，重画天使，后来得到老师的赞赏。经过长期艰苦的艺术实践，达·芬奇终于创作出许多不朽的名画，成为一代宗师。他刻苦学习的精神值得我们学习。

悦读链接

达·芬奇的医学成就

　　达·芬奇在生理解剖学上也取得了巨大的成就，被认为是近代生理解剖学的始祖。他掌握了人体解剖知识，从解剖学入手，研究了人体各部分的构造。他最先采用蜡来表现人脑的内部结构，也是设想用玻璃和陶瓷制作心脏和眼睛的第一人。

　　达·芬奇发现了血液的功能，认为血液对人体起着新陈代谢的作用，并认为血液是不断循环的。他说血液在不断的改造全身，把养料带到身体需要的各个部分，再把体内的废物带走。达·芬奇研究过人的心脏，他发现心脏有四个腔，并画出了心脏瓣膜。他认为老年人死因之一是动脉硬化，而产生动脉硬化的原因是缺乏运动。后来，英国科学家哈维证实并发展了达·芬奇这些生理解剖学的成果。

悦读必考

1. 老师为什么让达·芬奇不断地从各个角度画鸡蛋？

_____

_____

2. 达·芬奇画鸡蛋对你有什么启示？

_____

_____

被钟摆迷住的伽利略

当不受外力干扰时，钟摆所呈现的状态是静止不动的，一旦受到外力影响，钟摆就会开始左右晃动，受到的外力愈大，摆回来的力量也会愈强，然后愈摆愈慢，最后终于回到原点呈现出原本静止的状态。你知道这是什么原理吗？

伽利略是意大利著名的数学家、物理学家、天文学家，是经典力学和实验物理学的先驱者，他确立了自由落体定律，发现了物体的惯性定律、合力定律、单摆振动的等时性、抛体运动规律，提出了运动的相对性原理，对速度、加速度等运动学的基本概念做出了严格的定义。

伽利略从小就特别喜欢动脑思考问题。无论看到什么自然现象，他都充满了好奇，总要问个为什么。他和所有心中珍藏着梦想的孩子一样，尝试着请教有学问的人来解释某些奇异的现象，可大多数答案总是无法令伽利略满意。有的时候，难堪的大人会把他当作捣蛋鬼赶走，嘴里还会不住地嘀咕："脑子里装的什么？全是胡思乱想！"

17岁那年，已经在大学读书的伽利略又按期来到比萨大

伽利略

伽利略出生于意大利比萨一个没落的贵族家庭。1586年写出论文《天平》引起了意大利学术界的关注。他出的自由落体定律等，奠定了经典力学的基础，有力地支持了哥白尼的日心学说。

胡思乱想

形容没有根据或不切实际地瞎想。

礼拜

宗教徒向所信奉的神行礼。

习以为常

意思是常做某种事情或常见某种现象，成了习惯，就觉得很平常了。

沉思

是指深思。

教堂做礼拜。虽然这是意大利最大、最豪华的教堂，但还是只能使用油点燃的灯。吊灯垂挂在空旷的教堂中央，点灯的人不小心碰到它或者是风悄悄吹进来的时候，它们就会像钟摆一样来回地摇摆。伽利略在不经意间注意到了这个众人习以为常的现象，他安静地凝视着空中，注意观察它们摇摆的规律。

经过观察，伽利略发现，不论吊灯摆动的幅度有多大，摆动的时间总是相等的，而悬挂在长度相同的竿子上的灯，来回摆动的时间是一样的。唯一不同的是，挂在比较短的竿子上的灯，比挂在较长的竿子上的灯摆动得快一些。

回到家以后，陷入沉思的伽利略忙找来绳子，把它们剪成很多长短不同的小段，在下端都拴上了砝码，然后都从天花板上吊下来，每根绳子就成了一个摆。接着他摆动绳子，使它们像教堂里的吊灯一样匀速摆动。结果他发现绳子摆动一次所用的时间，跟所吊物体的重量没有关系，而和摆的长度有关系！伽利略屏住呼吸，由于兴奋，头上竟然冒出了汗珠。

经过长时间的试验，伽利略发现：绳子越长，摆动得越慢，摆动一次所需的时间就越

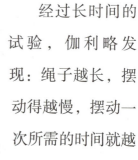

长；相反，绳子越短，摆动得越快，摆动一次所需的时间就越短；如果绳子的长短一样，那么每次摆动所需要的时间也就一样，这就是著名的"单摆等时定律"。

单摆等时定律
单摆振动周期与振幅无关。

现在所使用的钟摆和手表上的时针、分针与秒针的原理，就是根据伽利略的"单摆等时定律"设计而来的。

后来，伽利略又根据这一定律，发明了测量脉搏的"脉搏器"，其医学上的作用也非常显著。伽利略还发明了摆针、温度计和望远镜，其中他首创的温度计是一种开放式的液体温度计，玻璃管内盛有水和酒精，液面与大气相通。伽利略制成的望远镜，可以观察到物体的正像。经过改进后，其倍率由3逐步增大到33；不但指向星空，还可应用于船舰、要塞，取得空前丰硕的发现成果。历史上他首先在科学实验的基础上融会贯通了数学、物理学和天文学三门知识，以系统的实验和观察推翻了纯属思辨传统的自然观，继而开创了以实验事实为根据并具有严密逻辑体系的近代科学。

悦读品味

17岁的伽利略在教堂做礼拜的时候，发现教堂里的吊灯随风摆动，但每次摆动的时间都一样，于是他回家开始了积极的探索实验，最终发现了闻名世界的"单摆等时定律"。这位充满奇异想法的年轻人，随时都在用他锐利的目光，搜寻着大自然中的奥秘，他的成就给我们的生活带来了深刻的影响。不断启迪我们勇于探索，追求科学。

落体实验

在伽利略之前，古希腊的亚里士多德认为，物体下落的快慢是不一样的。它的下落速度和它的重量成正比，物体越重，下落的速度越快。比如说，10公斤重的物体，下落的速度要比1公斤重的物体快十倍。

1700多年前，人们一直把这个违背自然规律的学说当成不可怀疑的真理。年轻的伽利略根据自己的经验推理，大胆地对亚里士多德的学说提出了疑问。经过深思熟虑，他决定亲自动手做一次实验。

伽利略选择了比萨斜塔做实验场。这一天，他带了两个大小一样但重量不等的铁球，一个重十磅，是实心的；另一个重一磅，是空心的。伽利略站在比萨斜塔上面，望着塔下。

塔下面站满了前来观看的人，大家议论纷纷。有人讽刺说："这个小伙子的神经一定是有病了！亚里士多德的理论不会有错的！"

实验开始了，伽利略两手各拿一个铁球，大声喊道："下面的人们，你们看清楚，铁球就要落下去了。"说完，他把两手同时张开。

人们看到，两个铁球平行下落，几乎同时落到了地面上。所有的人都目瞪口呆了。

伽利略的试验，揭开了落体运动的奥秘，推翻了亚里士多德的学说。这个实验在物理学的发展史上具有划时代的重要意义。

1.伽利略从垂挂的吊灯上发现了什么定律？

2. 伽利略还有什么发现呢，你知道吗？

_____

_____

蒸汽机之父瓦特

悦读引航

孩子们，汽车和火车在日常生活中非常普遍，大家都知道它们的动力燃料是油。但是你知道最初的火车的燃料是什么吗？单位名称"瓦特"仅仅是一个单位名称吗？下面的小故事，就为你揭开答案。

瓦特是世界公认的"蒸汽机之父"，他以超人的才能和不懈的创造与钻研精神为后人留下了宝贵的财富。瓦特改进的蒸汽机是对近代科学和生产做出的巨大贡献，具有划时代的意义，它导致了第一次工业革命的兴起，极大地推动了社会生产力的发展。

1736年，瓦特诞生在英国苏格兰的格林诺克村。少年时代的瓦特由于家境贫苦，没有接受过完整的正规教育。但是瓦特有两个特点：一是爱问问题，而且常常提出一些奇怪的连大人也回答不了的问题；二是能把看过的东西详细地复述出来，连一些不为人注意的细节也不会漏掉。

唠唠叨叨

说起来没完没了；
絮叨。

滔滔不绝

常常比喻话多而
又流畅。滔滔，形
容说话像水流一样
不间断。

村里的人见瓦特不像其他孩子一样活泼好动，又常常唠唠叨叨地说个不停，都认为他有点痴傻。

可是，瓦特的妈妈很了解自己的儿子，知道他不是痴傻，而是爱思考问题，所以她十分疼爱瓦特。

有一次，妈妈要外出办点事，就把瓦特送到舅舅家，托付他们照看几天。瓦特换了一个新环境，觉得周围的一切都是新奇的。他兴奋极了，东摸摸、西看看，一刻也停不下来。他去看了舅舅家的牛栏，还去参观了村口的大磨坊。

到了晚上，瓦特就把白天看到的新奇事情讲给大家听。他滔滔不绝地说着，把牛吃青草的动作讲述得活灵活现，十分滑稽。接着，他又给大家讲了河里的大叶轮是怎样带动磨盘的，每一步都讲得那么有条理，每一个细节都讲述得十分生动形象。

表兄妹们都被瓦特的话吸引住了，牛栏和磨坊他们都司空见惯，可是今天从瓦特的嘴里说出来，竟是那么新奇有趣，其中还有许多他们从来没听说过的道理。大家围在瓦特周围，睁大了眼睛，津津有味地听着，忘了睡觉。

又有一次，妈妈带着瓦特去祖母家做客。祖母见到孙子一家到来，连忙为他们烧水。瓦特就站在炉子边，水开了，壶盖被水蒸气掀得"啪啪啪"地响，不停地往上跳动。瓦特觉得很奇怪，他忘记了喝水，

忘记了和大人们交谈，只是静静地站在炉子前，目不转睛地盯着壶盖。

瓦特好奇地看了半天，但是想不出这是什么道理，就去问祖母："奶奶，壶盖为什么会跳动呢？"

祖母想，这孩子可真有点儿痴傻，连这也不明白。她不耐烦地说："水开了，壶盖就会跳动了。"

瓦特追问道："为什么水开了壶盖就会跳动呢？是什么东西在推动它呢？"

祖母答不上来，只好说："那谁知道呢！"

回家后，瓦特决心搞清楚壶盖跳动的原因。于是，一连几天，他都坐在炉子边仔细观察。当水快要烧开的时候，他拿起壶盖，只见水里有一串串气泡在往上冒，然后就变成蒸汽冒出水面。他把壶盖盖上，壶盖就被掀动得向上直跳。哦，原来是蒸汽在推动壶盖！

瓦特明白了这个道理，接着他又想，既然水壶里的蒸汽能推动壶盖，要是用很大的锅烧水，产生的蒸汽不就可以推动很重的东西吗？他把这个想法告诉了妈妈，妈妈夸他是个爱动脑筋的孩子。在妈妈的鼓励下，瓦特15岁就开始学习机械制造技术。

早在1698年，英国技师塞维莱就发明了蒸汽机，后来纽可门又进行了改进，但这种蒸汽机效率很低，绝大部分蒸汽没有被利用。瓦

目不转睛

眼珠子一动不动地盯着看。形容注意力高度集中。

蒸汽

也称作"水蒸气"。根据压力和温度对各种蒸汽的分类为饱和蒸汽和过热蒸汽。蒸汽主要用途有加热或加湿；产生动力；作为驱动等。

特决心研制出新的蒸汽机，虽然多次受挫，屡遭失败，但瓦特仍然坚持不懈，经过多年的探索和实践，他终于完成了对纽可门蒸汽机的三次革新，发明了先进的新式蒸汽机。

性能

机械或其他工业制品对设计要求的满足程度。

由于新式蒸汽机的性能优良，而被世界各国迅速应用到纺织、采矿、造纸、食品和建筑等行业中，在全世界掀起了一场大革命，并且有力地推动了社会的前进，人类社会由此进入了"蒸汽时代"。

悦读品味

瓦特有一次看到火炉上烧的水开了，蒸汽把水壶盖顶开，他把壶盖放回去但很快又被顶开了。后来瓦特意识到这是蒸汽的力量，由此引发了他对蒸汽的兴趣并最终发明了新式蒸汽机。瓦特的敢于创新和不懈努力的科学追求，为后人留下了宝贵的精神和物质财富。同学们，鼓起自己的好奇心，仔细品味这个世界的每一丝律动，并勇敢地去探索追求，每个人都有可能成为发明家。

悦读链接

瓦特蒸汽机的影响

瓦特在原有的蒸汽机基础上发明的新式蒸汽机结构，在这之后的50年之内几乎没有什么改变。

瓦特蒸汽机发明的重要性是难以估量的，它被广泛地应用在工厂，成为几乎所有机器的动力，改变了人们的工作生产方式，极大地推动了技术进

步，并拉开了工业革命的序幕。

瓦特蒸汽机的发明使得工厂的选址不必再依赖于煤矿，而是可以建立在更经济更有效的地方，也不必依赖于水能，从而可以常年运转，这在进一步促进规模化经济的发展，大大提高生产率的同时，也使得商业投资更有效率。

蒸汽机为一系列精密加工的革新提供了可能，更高的工艺保证各种机器，包括蒸汽机本身的性能的提高。经过不断的努力，人类引入更高气压的蒸汽，蒸汽火车、蒸汽轮船在此后很快相继问世。

有人对瓦特发明的蒸汽机有这样的赞颂："它武装了人类，使虚弱无力的双手变得力大无穷，健全了人类的大脑以处理一切难题。它为机械动力在未来创造奇迹打下了坚实的基础，将有助于后代的各种劳动。"

悦读必考

1. 解释下列词语的意思。

司空见惯：_____

坚持不懈：_____

2. 在祖母家，瓦特发现了一个什么样的现象？

_____

3. 瓦特改良发明的蒸汽机，对社会的进步有着怎样的贡献？

_____

_____

站在巨人肩上的牛顿

当你坐在果树下面和别人聊天的时候，突然有个果实从上面落下，砸在你的身上，你会有什么反应？是咒骂？是走开？还是像下面这个人一样。

牛顿5岁时上了小学，但是因为沉默寡言，曾经被老师们看作一个笨小孩。

在一次上数学课时，有个老师点名叫牛顿站起来回答问题："牛顿，你来回答，一加二等于几？"

张口结舌
张着嘴说不出话来，形容理屈或害怕。

牛顿张口结舌，好不容易才说出个"二"来，同学们立刻哄堂大笑。

牛顿仔细想了想，小心翼翼地回答说："是……三。"

"这么简单的问题都不会回答，你来上学有什么用？"老师罚牛顿在讲台边站着。

自卑
一种不能自助和软弱的复杂情感。轻视自己，认为无法赶上别人。

羞愧、自卑的感觉像尖利的针，刺痛了牛顿幼小的心灵。

后来，牛顿每次上课都紧张，老师讲的知识很少能记住，回答问题时也老是出错。因此，他讨厌上学，成绩也跟不上去，经常进入差等生的行列。

在他14岁时，家里再也无法供牛顿上学，母亲就让他帮忙做家务。但是，牛顿一心喜欢读书，心思完全不在做家务上面，结果闹出了许多笑话。比如，每次和同伴到市场上卖东西，牛顿都会躲到小树丛后面去读书。有时伙伴卖完东西找不到他就先离开了，只剩下牛顿自己在那里读书。牛顿经常会因为读书而忘记了时间，直到天黑才回家。

笑话
在此指引人发笑的事。

有一天，牛顿的舅舅悄悄跟着他，想知道他究竟在做什么。结果他发现，牛顿居然躺在小树丛后的草地上，看着一本数学书。

居然
指表示没想到，出乎意料。

又有一次，牛顿赶着羊群去放羊。趁羊吃草的时候，他自己又抱着一本数学书，躺在草地上专心地读了起来。结果，羊群跑到了旁边的麦田里吃起了麦苗。正好这时，他的舅舅经过，看见牛顿干活儿这么不认真，非常气愤，于是准备教训一下他。

怒气冲冲
形容愤怒得气呼呼的样子。

舅舅跑到牛顿身边，怒气冲冲地说："你在睡懒觉吗？"牛顿一骨碌爬起来，慌慌张张地去驱赶羊群。这时，舅舅发现了草地上又是那本厚厚的数学书，他恍然大悟——原来牛顿在研究数学！

舅舅被牛顿刻苦学习的精神感动了，他跑过去帮牛顿一起赶羊。回到家后，在舅舅的劝说下，母亲终于同意让牛顿继续上学。

牛顿经过刻苦学习，终于进入了剑桥大学读书。在那里，他的**才华**受到了众人的赏识。

才华
表现出来的才能。

在假期的时候，牛顿会回老家。他的老家后院里有一棵苹果树，他每次回家，总喜欢坐在树下喝茶、看书、思考问题。

有一天，他正在思考关于力学的问题，一个熟透的苹果从树上落了下来，正好砸中了他的头。

这一下触动了牛顿的灵感：苹果为什么总是落向地面，而且是**垂直**落下来？它为什么不向天空飞去？苹果落地和星球运动一样，会不会被同一种宇宙力量支配？

垂直
与水平面成直角的。

牛顿对此进行了深入研究后，最终发现了著名的万有引力定律。

悦读品味

牛顿小时候被老师当作笨学生，辍学之后他仍然不忘刻苦读书而发奋自学。后来牛顿上了大学，之后因一颗苹果的坠落，引发了牛顿对星球引力的深入研究，最终发现了著名的万有引力定律。有人说过：成功是百分之九十九的汗水加百分之一的灵感，用在牛顿这个故事中非常贴切。

悦读链接

牛顿的另类人生

牛顿活了80岁，有40年用于科学研究，另外几十年他居然沉迷于神学。

他用许多"科学现象"来证明上帝的存在，甚至在研究地球有多少岁时，居然用《圣经》推算出6000年。这样鲜明的对比，很难让人们把这些事与这个科学巨人联系起来。

　　牛顿一生科学贡献卓越，智商180的他是近代科学的鼻祖，他开拓了向科学进军的新纪元。但却因为羞于向女孩表白而失去结婚的机会，最后终生未婚。

1. 牛顿小时候上学时为什么成绩跟不上去，经常进入差等生的行列？

_____

2. 在牛顿身上我们能够学到科学家的哪些优秀品质？

_____

帕斯卡与厨房里的声音

　　法国哲学家帕斯卡说过"人是会思想的芦苇"，人们从出生到死亡，事实上都在探索着未知世界，只不过哲学家、作家们思索得更深，探索得更广。康德的墓志铭上写道："有两件事物我愈是思考，

愈觉得神奇，内心也愈是充满敬畏，那就是我们头顶灿烂的星空和我们内心崇高的道德准则。"仰望星空，深邃而广袤的天空埋藏着古往今来多少人的好奇心啊！

帕斯卡是17世纪法国最具天才的数学家、物理学家和哲学家。

帕斯卡生于法国多姆山省奥弗涅地区的克莱蒙，从小体质虚弱，但他聪明好学，对身边的事物都充满好奇。

11岁那年，一天帕斯卡在一家餐厅玩，玩着玩着，不知从哪儿传来了一阵叮叮当当的声音。他觉得这声音非常好听，就追寻着声音的来源地，后来发现这些声音是从厨房里发出来的。

叮叮当当
形容撞击的声音。

帕斯卡就偷偷地躲在门口观察起来，他发现厨师用刀叉敲打盘子，盘子发出的声音持续时间较长，而用叉子敲打桌子发出的声音时间相对较短，还有其他的声音，都各不相同。

聆听
集中精力、认真地听。

许多人从厨房里进进出出，或者从厨房边经过，都没有注意到这些声音，只有帕斯卡一个人注意聆听。他的脑子里出现了一个又一个问号：为什么会有声音发出呢？为什么当刀叉离开盘子后声音没有立即停止呢？为什么敲盘子的声音和敲桌子的声音不一样呢？为什么……

满脑子问号的帕斯卡决定亲自敲打盘子，通过实验来揭开声音的奥秘。几次实验之后，他发现敲打盘子的刀叉离开盘子时，盘子仍然有声音。但当他用手按住盘子时，声音就消失了。就这样，11岁的帕斯卡发现了声学的振动原理。

由于帕斯卡具有强烈的好奇心，而且努力学习，善于观察，勤于思考，长大后的他最终成为享誉世界的科学家。

奥秘

是指深奥与神秘。

悦读品味

帕斯卡从小伶俐聪明，善于观察思考，他发现用刀叉敲打盘子和敲打桌子的声音不一样，于是亲自动手做实验，最后发现了声学的振动原理。事实上，无论在自然科学领域，还是在人文科学领域，好奇心都是人们探索科学奥秘与寻找生命意义的原动力。

悦读链接

少年帕斯卡

帕斯卡于1623年生于法国奥弗涅地区多姆山省的克莱蒙，1631年，帕斯卡随家移居巴黎。他没有受过正规的学校教育，4岁时母亲病故后，就由受过高等教育、担任政府官员的父亲以及两个姐姐负责对他进行教育和培养。

帕斯卡的父亲艾基纳是一个小贵族，担任地方法官的职务，还是一位数学家和拉丁语学者。在其精心地教育下，帕斯卡很小时就精通欧几里得几何，他自己独立发现了欧几里得的前三十二条定理，而且顺序也完全正确。帕斯卡12岁时，独自发现了"三角形的内角和等于180度"后，开始师从父

亲学习数学。16岁那年，帕斯卡被父亲带着，参加巴黎数学家和物理学家小组（法国巴黎科学院的前身）的学术活动。17岁时，帕斯卡写成了数学水平很高的《圆锥截线论》一文，这是他研究德扎尔格关于综合射影几何的经典工作的结果。

悦读必考

1. 写出下列词语的反义词。

虚弱——（　　　） 聪明——（　　　） 消失——（　　　）

2. 帕斯卡是怎样发现声学的振动原理的？

_____

_____

诚实好学的林肯

悦读引航

　　世界上很多国家的领袖都可以说是伟人，他们不一定有显赫的出身，不一定有巨额的财富，但是他们做过的事情，他们说过的话，他们身上某种良好的品质等却被人们广为传颂。美国总统林肯就是这些伟人中的一员。

美国第十六任总统亚伯拉罕·林肯，是历史上最伟大的总统之一。

亚伯拉罕·林肯（1809—1865），美国政治家、思想家。其任总统期间，美国爆发内战，他领导北方人民进行战争并取得了最终的胜利。林肯坚决反对国家分裂，他废除了叛乱各州的奴隶制度，颁布了《宅地法》《解放黑人奴隶宣言》，被后人称为"伟大的解放者。"

1809年2月12日，林肯出生在肯塔基州一个清贫的农民家庭。由于家里很穷，林肯到了入学年龄也没条件上学，每天跟着父亲在地里劳动。

11岁时，林肯终于如愿以偿地上学了。在简陋的学校里，他勤奋好学，总是想方设法向别人请教，有时午休也在思考问题。不仅如此，在劳动时，林肯的怀里也总是揣着一本书，去休息的时候，就一边啃着又硬又凉的面包，一边津津有味地看书。

林肯不仅爱学习，而且为人诚实。有一次，他向克劳德先生借了一本《华盛顿传》来看。刚一回到家，他就迫不及待地看起来，很快就看得入了迷，完全沉浸到华盛顿的英雄事迹中，连自己坐到了窗台上也不知道。

这时，家人喊他吃饭了，林肯答应了一声，就随手把书放在了窗台上。可不巧的是，天下起了雨，当林肯吃完饭回来时，发现那本《华盛顿传》已经被雨淋湿了，这可怎么办呢？

如愿以偿
愿望实现。

津津有味
兴趣浓厚的样子。

华盛顿
美国首任总统，被美国称为"国父"，美国独立战争大陆军总司令。

忐忑不安
形容心神不定。

林肯决定一定要向克劳德先生道歉，并想办法补偿。于是，他拿着书，来到了克劳德先生家，忐忑不安地说："克劳德先生，我不小心把您的书给淋湿了，真是对不起！"说完，他难过得低下了头。

克劳德先生微笑着说："你能这样诚实我就很开心了。孩子，没关系的。"

"不行，弄坏人家的东西是要赔偿的，不如我就用劳动来补偿您吧！"说完，林肯就到地里给克劳德先生摘玉米去了。后来，克劳德先生不仅没有要林肯赔偿，还把这本书送给了林肯。

着想
指为某人或某事的利益考虑。

十几岁时，林肯在杂货店里找了一份工作。他诚实待人，总是为顾客着想。一次，一个顾客多付了几分钱，他为了退回这几分钱跑了十几里路。还有一次，他发现少给了一位顾客二两茶叶，赶紧跑了几里路把茶叶送到那人家中。

林肯长大后，离开家乡独自闯荡。为了谋生，他什么活儿都干，打过短工，当过水手、店员、乡村邮递员、土地测量员，还干过伐木、劈木头的重体力活儿。不管干什么，他都非常认真负责。正因为林肯诚实、好学、谦虚，所以每到一处，都受到周围人的喜爱。

林肯从29岁起，开始竞选议员和总统，前后尝试过11次，失败过9次。在他51岁那年，终于问鼎白宫，并取得了辉煌的成就，被马克思称为"全世界的一位英雄"。

悦读品味

林肯从小家庭十分贫困，导致他上学很晚，但是他用勤奋刻苦弥补了这一点。最难能可贵的是林肯诚实谦虚的品质：把借来的书淋湿了，就用给克劳德先生摘玉米来赔偿；做杂货店店员时诚实待人不贪图小便宜。后来，林肯被称为美国历史上最伟大的总统。这一切都说明当一个人的身上拥有了谦虚、谨慎、诚实、好学等这些优秀品质时，那么取得成功是必然的。

悦读链接

林肯留胡子

林肯竞选总统时曾为脸颊过瘦而大伤脑筋。

一位11岁的小女孩格瑞丝·彼黛尔偶然看到林肯画像，不知怎的，她一下子就想到："这个人要有胡子多漂亮啊！"

彼黛尔立即给林肯写信："我非常渴望您能当总统。我有四个哥哥，有两个愿意投您的票，您要是留胡子，我会让另外两个哥哥也投您的票，您太瘦了，留了胡子会英俊得多。所有女士都喜欢有胡子的先生，她们的丈夫也会投您的票，您一定会当选。"

他还曾经乘坐专列来到彼黛尔的家乡，吻着小姑娘说："你看，为了你，我已经蓄了胡子。"林肯就任了第十六任总统后，直到临死那年还蓄着胡子。

悦读必考

1. 用"迫不及待"造句。

迫不及待：＿＿＿＿＿＿＿＿＿＿＿＿＿＿＿

2. 当林肯不小心把克劳德先生借给他的书《华盛顿传》淋湿了后，他是怎么做的？

_____

_____

3. 关于林肯，你还知道关于他的其他故事吗？写一写吧。

_____

_____

幽默机智的马克·吐温

悦读引航

　　孩子们，我们都看过很多小品文，它们总能让我们笑声不断，小品文为什么能让人发笑呢？你知道外国有哪些比较幽默搞笑的小品文吗？有哪些擅长写这些作品的作家吗？

　　马克·吐温出生于佛罗里达州的一个乡村，本名叫萨缪尔·朗赫恩·克列门斯，马克·吐温是他的笔名。他是美国的幽默大师、小说家、作家，也是一个著名的演说家。他的幽默、机智与名气，使他享誉全球。

有一次，马克·吐温到一个小城镇做演讲。晚饭前，他走进一家理发店，准备请理发师给他刮刮胡子。

"你是外地人吧？"理发师问。

"是的，我是头一次到这里来。"

"是吗？那你来得可正是时候，"理发师继续说，"马克·吐温今晚要来做演讲，我想你会去的，是吗？"

"噢，是的，我正有此意。"

"你搞到票了吗？"理发师的谈兴很浓。

谈兴
是指谈话的兴致。

"还没有。"

"唉！票全都卖光了，看来你只有站着听了。"理发师感叹着。

"真讨厌！"马克·吐温显得很愤慨，"我的运气实在不好，每次那个家伙演讲时我都不得不站着。"

愤慨
愤恨感慨、气愤不平。

还有一次，在4月1日的"愚人节"那天，有人想和马克·吐温开个玩笑，就在纽约一家报纸上登了一条消息——马克·吐温死了。

马克·吐温的亲友们看到消息，纷纷从全国各地赶来吊丧。可是，当他们来到马克·吐温家时，却看到他正安然无恙地坐在桌前写作。他们非常愤慨，纷纷表示不平。

马克·吐温看着他们，没有多作理会，只是十分平静又幽默地说："报纸报道我死是千真万确的，只不过是时间提前了一些。"

悦读品味

本文表现了马克·吐温的机智。面对风趣的理发师，他既是在非玩笑的情况下正式回应了这位朋友，又是在玩笑的情况下附和了这位朋友，两全其美。有时候，我们也会处在一个尴尬的境地，而机智幽默的话语会化解不良的氛围，且会赢得大家的好感，增强人们之间的感情。

悦读链接

马克·吐温捉弄牧师

有一位牧师在讲坛上说教，马克·吐温讨厌极了，有心要和他开一个玩笑。

"牧师先生，你的讲词实在妙得很，只不过我曾经在一本书上看见过，你说的每一个字都在上面。"

那牧师听了后不高兴地回答说："我的讲词绝非抄袭！"

"但确定是与那本书上一字不差。"马克·吐温说道。

"那么你把那本书借给我一看。"牧师无可奈何地说。

于是，过了几天以后，这位牧师就接到了马克·吐温寄给他的一本书——字典！

悦读必考

1. 请将下面划线的词语用一个词语替换一下。

报纸报道我死是<u>千真万确</u>的，只不过是时间<u>提前</u>了一些。

（　　　　　）　　（　　　　　）

2. 从这两个小故事中，可以看出马克·吐温具有怎样的人格魅力和优秀品质？

像歌德一样伟大的海涅

悦读引航

　　歌德在德国的文学地位，就像是苏东坡在中国的文学地位一样，想成为像歌德一样伟大的作家，需要什么样的天赋和努力呢？让我们一起来看看，海涅是如何成为像歌德一样伟大的文学家的。

　　海涅是继歌德之后享有世界声誉的德国诗人，他被称为是德国古典文学的最后一位代表。

　　年幼时的海涅并不是老师眼中的好学生，他的作文从来都是老师在课堂上嘲笑的对象，这一度使他对写作丧失了兴趣。只要是上语文课，海涅不

123

是旷课，就是和同学互相打闹。直到海涅升入中学后，这种情况才有所改善。

尽管他仍然不知道怎样才能写好作文，但细心的语文老师从他那些天马行空的大胆想象中看到了未来诗人的影子。从此，老师再也没有要求海涅按照特定的思路完成作文，而是让他按自己喜欢的方式写作，并时常鼓励他说："你一定能成为像歌德一样伟大的诗人！"

海涅惊讶地问："我真的能成为像歌德一样伟大的人吗？"尽管年幼的他甚至连歌德是什么人都不知道，但他猜测"伟大"是一个很了不起的词，因为他的父亲只有在讲那些德国名垂千古的大英雄时才用到这个词汇。

"一定能！"老师轻轻拉起海涅的手说，"不过从现在开始，你就要向歌德学习。"

海涅郑重地点了点头。

后来，老师不失时机地告诉他应该向歌德学什么，海涅竟一丝不苟地按照老师的话去做了。老师说，说话要像歌德一样文明，他就再也没有说过一句污言秽语。

老师说，要像歌德一样学好文化课，从此他上课认真听讲的程度远远超过了班上任何一名同学。老师说，要勤思考、

勤写作，他就专门准备了一个本子每天练习写作。

经过多年的努力，海涅真的写出了《北海集》《德国——一个冬天的童话》《旅行记》等在德国文艺界产生积极影响的诗歌和散文作品，被公认为是继歌德之后德国最重要的诗人。

功成名就的海涅满怀感激之情给当年的老师写了一封信，信中他这样说道："您以前给我讲的那些有关歌德的故事是不真实的，但它给我带来的益处却是真实的。正是由于这一个又一个的信念不断激励、鼓舞着我，注定了我的昨天，也注定了我的今天。"

悦读品味

海涅小时候的写作能力比较差，经常受到老师批评。上中学时语文老师发现了海涅的想象力非常丰富，就鼓励海涅在写作时自由发挥，并旁敲侧击地引导他改变了不良的习惯。后来海涅被最终成继歌德之后德国最伟大的诗人。

如果每个人都能发现并发挥自己的特长，人类社会将会有更大的发展。老师殷切地关爱和正确地引导，是对我们每个学生的无声激励。所以，我们要认真接受老师的谆谆教诲，也许哪一句话就会促使我们找到奋斗的方向和希望。

悦读链接

海涅的遗嘱

1841年，海涅跟巴黎皮货店的一个女营业员欧仁妮结了婚。

然而，这是一个不幸的结合，欧仁妮没有受过教育，愚蠢无知而且虚荣心极强，海涅对她的爱情也没能使她克服掉自身的缺点。

海涅在临死的时候，把所有的财产都留给了她，但条件是她必须再嫁一个人。

"这样，至少会有一个人会因为我的死而感到遗憾。"海涅这样解释说。

悦读必考

1. 为了能像歌德一样伟大，海涅听从老师的教诲和激励，都做了哪些改变？

_____

_____

2. 海涅的成功说明了什么？

_____

_____

进化论之父达尔文

悦读引航

孩子们，我们人类社会已经走过了漫长的几千年时光，但是人类是怎么产生的？我们是不是上帝创造的？看了下面的故事你就会明白我们人类到底是怎么来的。

1809年2月12日，达尔文出生在英国的施鲁斯伯里的一个
医生家庭。

达尔文从小就对神秘的大自然充满了兴趣，喜欢采集矿
物和动植物标本。

一天，达尔文来到郊外的一片树林里，他发现在即将脱
落的树皮下，有虫子在里面蠕动。他急忙剥开树皮，看到了
两只奇特的甲虫。达尔文马上把它们抓在手里，一手一只，
兴奋地观察起来。突然，树皮里又爬出一只甲虫，他慌忙把
手里的甲虫塞到嘴里，伸手抓住第三只甲虫。

看着这些奇怪的甲虫，达尔文爱不释手，只顾得意地欣
赏手中的甲虫，把嘴里的那只给忘了。直到嘴里那只甲虫放
出一股辛辣的毒汁，把他的舌头蜇得又麻又痛，他
才想起口中的甲虫，忙将它吐到手里。
后来，人们为了纪念达尔文，便把他
首先发现的这种甲虫命名为"达尔
文甲虫"。

1831年到1836年这五年是达尔
文一生中最重要的五年。在老师汉
斯罗的推荐下，达尔文以"博物学
家"的身份，义务参加了海军"贝格
尔"号考察船长达五年的航行。

他们从英国的普利茅斯港出发，
抵达南美洲的东海岸，穿过海峡到南

神秘
使人摸不透的，高
深莫测的。

蠕动
像蚯蚓爬行那样
动。

美洲的西海岸，经过太平洋中的加拉帕戈斯群岛，经新西兰、澳大利亚，横渡印度洋，经过非洲南部，然后返回英国。

在这五年之中，达尔文历尽了艰辛。在"贝格尔"号启航不久，就遭遇海上狂风大作，浪涛汹涌，船上下**颠簸**不停。达尔文一连几天呕吐不止，身体越来越虚弱，但他并未退缩，而是坚持了下来。

颠簸

上下震荡；不平稳，路面不平，上下抖动。

这还只是考验的开始。后来，他在穿越原始森林时迷失了方向；收集标本时被突然发生的地震震昏了过去；被锥蝽咬伤，感染了查加斯病；遭遇猛兽……事情一件又一件，真是数不胜数，但达尔文凭着对科学的执着撑了过来。他采集了大量生物化石、矿物和动植物标本，发现了大量的新物种。也正是这五年的考察使他的观念发生了质的变化，由神创论转向进化论。

考察中，他发现整个美洲同类动植物之间联系十分密切，呈现一种渐进的状态，并与周围的环境和谐一致；南美洲一件年代久远的动物化石与现有的动物化石十分相似；不同地点的动植物有着共同的特征，但又有明显的

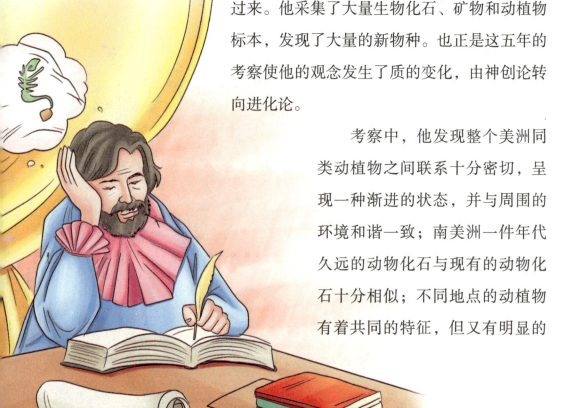

差异。正是这些发现使达尔文抛弃了神创论，开始重新研究物种的起源。

1836年回国之后，达尔文开始以五年考察的日记和采集的标本为素材进行研究。1844年，他的进化论思想已基本形成。但是严谨的科学态度使他继续进行实验验证，直到1859年11月24日，他才公开出版了《物种起源》，提出了"物竞天择，适者生存"的原则，重新书写了世界生物史。1882年4月19日，达尔文心脏病突发，与世长辞。

悦读品味

达尔文小时候就对自然界感兴趣，有一次因为抓虫子还使得自己中毒。后来又随轮船到世界各地考察，途中经历了种种磨难的考验，思想上更趋近于科学的进化论。回国后，达尔文开始研究物种起源，最终成功地创立了科学的生物进化学说，推翻了神创论等唯心主义形而上学在生物学中的统治地位，使生物学发生了一个革命变革。达尔文为了追求真理，不惜冒着种种磨难，种种危险，去探寻生命的本质，这种大无畏的献身科学的精神值得大家学习。

悦读链接

风趣的达尔文

有一天，一位朋友带着他非常漂亮的妻子到达尔文家中做客。

女客傲慢而又饶舌，一进门就毫不客气地问："尊敬的达尔文先生，根据您的理论，所有的人都是从又瘦又丑的猴子变来的吗？"

达尔文客气地点了点头，并招呼他们坐下。

女客迫不及待地指着自己的鼻尖说："像我这样漂亮的女人，难道也是猴子变来的吗？"

达尔文看看朋友，又眯着眼睛端详着这位迷人的太太，风趣地回答说："我想，您也应该是从猴子变来的，不过不是又瘦又丑的猴子，您是从惹人喜欢的、五官端正的、令人陶醉的猴子变来的。"

悦读必考

1. 达尔文为什么将甲虫塞到嘴里？

_____

_____

2. "物竞天择，适者生存"对你有什么启示？

_____

_____

契诃夫克服阻力进剧场

悦读引航

孩子们，你知道变色龙吗？变色龙的皮肤会随着环境颜色的改变而改变，众所周知，寒冷的俄国是没有变色龙的。但是一位俄国作家却写了一篇名为《变色龙》的小说，那么这位作家是谁呢？

安东·巴甫洛维奇·契诃夫是俄国的剧作家，也是世界级的短篇小说巨匠。他坚持现实主义传统，注重描写俄国人民的日常生活，塑造具有典型性格的小人物，借此忠实地反映出当时俄国的社会现况，因此被认为是19世纪末，俄国现实主义文学流派的杰出代表。

契诃夫少年时代就非常喜欢戏剧。那时候，社会上把戏剧看成是伤风败俗的东西。中学生如果得不到校长的证明信是不准踏进戏院大门的。即使侥幸进了剧场，如果被值日的学监发现了，就要受到处分。

伤风败俗

败坏风俗，多用来谴责道德败坏。

怎么办呢？聪明的契诃夫想出了一条妙计：每次进剧场之前，他都要乔装打扮一番，把长胡子或者大鬓角粘在脸上，然后戴上深色眼镜。这样，就可以从学监面前大摇大摆地走过了。他的化装总是很成功的，结果就成了台下的"演员"来看台上演员的表演。

大摇大摆

形容走路挺神气、满不在乎的样子。

在少年时代，他欣赏了莎士比亚的《哈姆雷特》《李尔王》，果戈理的《钦差大臣》等许多世界名剧。天长日久，他的化装和表演才能越来越高。

有一天，他穿得破破烂烂，带着他亲笔写的乞讨信，来到他的叔父家里。

叔父居然没有认出眼前的"小乞丐"竟是自己的亲侄子。看过信后，觉得怪可怜，便大发慈悲，施舍给他几个小钱。这是契诃夫的第一笔收入，既是写作的稿费，又是演员的酬劳。

悦读品味

契诃夫为了看戏剧，自己化装成一个长胡子的人而瞒过了学监。后来他又将自己打扮成一个小乞丐，瞒过了自己的叔叔。契科夫是一个伟大的剧作家，他把生活当成了自己艺术的施展地，他的作品源于生活又高于生活。契诃夫是一个聪明的人，立志是成功的大门，他坚持自己的兴趣，不断完善自己的人生理想，终于取得了成功。

本文通过两个实例说明了契诃夫如何让自己的兴趣成为自己成功的老师，举例是本文的一大特色，这种写作方法值得我们学习。

悦读链接

❧ 装 病 ❧

契诃夫（1860—1904），是俄国杰出的短篇小说家与戏剧家。

有一天，一位长得很丰满，穿得很漂亮的美丽健康的太太来看望契诃夫。

她一坐下来，就装腔作势地说："人生多么无聊，安东·巴甫洛维奇！一切都是灰色的：人啦、海啦，连花儿都是一样。在我看来什么都是灰色的，没有欲望，我的灵魂里充满了痛苦……这好像是一种病……"

契诃夫眯起眼睛望望面前的这位太太，说："的确，这是一种病。它还有一个拉丁文的名字：morbuspritvorlalis。"这句拉丁文的意思是：装病。那位太太幸而不懂拉丁文。

1. 契诃夫为了进戏院看戏剧，通常他是怎样乔装打扮的呢？

_____

_____

2. 叔父没有认出眼前的"小乞丐"是自己的亲侄子的原因是什么？

_____

_____

炸药大王诺贝尔

十二月注定是科学的节日。诺贝尔化学奖、物理学奖、经济学奖、文学奖都相继在这个月份评出。诺贝尔，一个响亮的名字。你知道诺贝尔奖的来历吗？你知道战争中的炸药是怎么来的吗？我们一起来看看吧……

1875年的一天，在瑞典首都附近的马拉伦湖边，忽然传来"轰隆"一声巨响，一处房屋被炸成了废墟。在火光和浓烟中冲出来一个满身是血的中年人，他边跑边兴奋地喊着："我成功了！我成功了！"

这个中年人就是瑞典化学家诺贝尔，这天，他在经历了无数艰辛后，终于研制成了安全炸药。

诺贝尔的父亲是一个很有科学研究精神的人。一天，彼得堡大学两位的教授来拜访诺贝尔的父亲，他们从箱子里小心翼翼地取出一个小瓶子，倒出一滴黏稠的油状液体，然后用火柴一点，"呼"地冒出一团两英尺高的火苗。这液体就是硝化甘油，它威力巨大，自问世以来没有人能驾驭得了。这两个人来的目的，就是想请求老诺贝尔制造一种威力极大的新炸药，老诺贝尔一口答应了。

从此，老诺贝尔和他儿子开始了与"死神"打交道的日子。他们节衣缩食，把所有的精力都用在新炸药的研制开发上。这期间，经常会发生一些爆炸事件。

1864年9月3日，诺贝尔和父亲的炸药厂又发生了一次事故，厂房被炸得粉碎，五人血肉横飞，诺贝尔的哥哥也不幸牺牲。老诺贝尔因丧子之痛，不久也去世了。

诺贝尔遭到周围人的非议，简直被看作是死神的化身，被人们称为"疯子"和"魔鬼"。诺贝尔并没有被接连发生的不幸和人们的愤怒所打倒，他顽强地继续研制新炸药，终于取得了成功。

在反复研究的基础上，诺贝尔发明了以硅藻土为吸收剂的安

驾驭

使服从自己的意志而行动。

节衣缩食

省吃俭用，非常节俭。节，节约，节省；缩，缩减。

全炸药。这种被称为黄色炸药的安全炸药在火烧和锤击下都表现出了极大的稳定性。这使人们对诺贝尔的炸药消除了疑虑，从而赢得了人们的信任，炸药工业也很快获得了发展。

诺贝尔再接再厉，把发明的成果又向前推进了一步，他用火棉和硝化甘油发明了爆炸力很强的胶状物——炸胶，又把少量樟脑加到硝化甘油和炸胶中，制成了无烟火药。

安全炸药发明后，马上被广泛地应用于开矿、筑路等工程中，炸药的产量也大幅度上升，诺贝尔也因此获得了大笔的财富。但诺贝尔的生活仍然十分俭朴，为了科学研究，他一生都没有结婚。

诺贝尔是一位和平主义者，但他最主要的发明——炸药，却被应用于战争当中，给人类带来了巨大的伤害。他内心的矛盾与痛苦可想而知。不过，安全炸药在和平时期，更多地被用在修路、建桥等生产建设之中。可以说，诺贝尔为人类的进步做出了杰出的贡献。

诺贝尔一生致力于发明创造和科学研究事业，获得了上百项专利，家财万贯。临终时，他留下遗嘱，捐出自己所有的财产，作为诺贝尔奖的基金，奖励那些在科学、文学及和平事业上做出突出贡献的人。从1901年到现在，已经有上百位科学家获得了诺贝尔奖金。

诺贝尔的名字，和他那百折不挠的研究精神，以及他出资设立的诺贝尔奖，一直激励着全世界的科学家及和平爱好者向新的高峰攀登。

悦读品味

为了研究安全炸药，诺贝尔冒着生命危险进行实验研究，几个亲人都为此丧生，但是诺贝尔为了科学事业奋不顾身，甚至连自己的生死都置之度外，没有放弃，终于获得了成功。我们现在正处在科技猛烈发展的时代，前辈们为我们创造出了优越的生存条件，我们应该十分珍惜，更应该认真学习科学文化知识，提高才能，为人类贡献出我们这一代人的聪明才智，为科学事业的发展做出贡献！

悦读链接

诺 贝 尔 奖

诺贝尔奖是以瑞典著名的化学家、硝化甘油炸药的发明人阿尔弗雷德·贝恩哈德·诺贝尔的部分遗产（3100万瑞典克朗）作为基金创立的。

诺贝尔奖分设物理、化学、生理或医学、文学、和平五个奖项，以基金每年的利息或投资收益授予前一年世界上在这些领域对人类做出重大贡献的人，1901年首次颁发。诺贝尔奖包括金质奖章、证书和奖金。

1968年，瑞典国家银行在成立三百周年之际，捐出大额资金给诺贝尔基金，增设"瑞典国家银行纪念诺贝尔经济科学奖"，1969年首次颁发。人们习惯上称这个额外的奖项为"诺贝尔经济学奖"。

悦读必考

1.比一比，再组词。

稠（　　）　　　粘（　　）　　　嘱（　　）

周（　　）　　　　占（　　）　　　　属（　　）

2.从火光和浓烟中冲出来的中年人是谁？他在做什么？

_____

3.诺贝尔的事迹给你留下什么样的启发呢？

_____

_____

帕尔曼的小盆栽

悦读引航

我们听过很多残疾人身残志坚的故事，他们与命运抗争的顽强精神让我们感动不已。今天就让我们来认识一下，一个轮椅上的小提琴家……

伊扎克·帕尔曼是世界上最引人注目的小提琴家之一。他出生在以色列，4岁时因患小儿麻痹症而导致终生残疾，给他的上学和生活都带来了极大的困难。

6岁时，他的父母为了赚钱给儿子治病，决定到美国洛杉矶去淘金。他们把帕尔曼留在了邻居菲利浦夫妇家。菲利浦

引人注目
形容人或事物很具特色，引起人们的注意。

夫妇很善良，可惜没有孩子，他们是看着帕尔曼出生并渐渐长大的，给了他阳光般的爱，几乎将帕尔曼当成了自己的亲生儿子。

帕尔曼的父母临走时给了他一个小盆栽，当时是寒冬，盆栽里除了泥土外，没有任何植物。可父亲却对帕尔曼说，这个盆栽里已经播上了种子，待到明年春天便会长出一株美丽的花来。到那时，他们便会带上淘金所得的钱回来给他治病。

父母走后，帕尔曼每天都要去看一看那个小盆栽，尽管离春天还很远，但是帕尔曼只有看上一眼小盆栽，才会安心地学习、生活。菲利浦夫妇看着他的举动非常心疼，但又爱莫能助，只能更加细心地照顾他。

爱莫能助
心里愿意帮助，但由于力量或条件的限制却没有办法做到。

帕尔曼多么希望小盆栽能赶紧开出美丽的花朵啊！因为到那时，父母便会回到他的身边了。带着这样美好的憧憬，帕尔曼每天都会在心里默默祈祷。

这时，菲利浦夫妇总是微笑着说："帕尔曼，你得每天给小盆栽浇一点儿水，这样它才能开出美丽的花朵。"于是，帕尔曼每天都要给小盆栽浇上一点儿水。可是，春天都快要过去一大半了，小盆栽里还是不见任何动静。

一天，菲利浦夫妇从报纸上看到了一个不幸的消息，帕尔曼的父母在淘金的时候遭

遇塌方，夫妻俩双双遇难。菲利浦夫妇躲在一边紧紧地拥抱着痛哭起来。多可怜的孩子啊，他们觉得从今往后照顾好帕尔曼的责任更加重大了。

眼看春天就要结束了，可小盆栽还是什么也没有，再看看帕尔曼，他脸上的失望之色越来越浓。菲利浦先生暗暗着急，就想出了一个办法。他趁妻子和帕尔曼不注意的时候，悄悄在小盆栽里撒上了月季花的种子。

帕尔曼依然每天去浇小盆栽，菲利浦夫妇也总是微笑着劝帕尔曼要有耐心，也许明天一早小盆栽里便长出植物来了呢！

突然有一天，小盆栽里居然长出了嫩嫩的芽，那居然是一株小月季。帕尔曼又高兴又惊讶，自言自语道："我明明种下去的是百合，怎么长出来的会是一株月季呢？这是怎么回事呀？"

几天之后，小盆栽里又长出了一株百合，菲利浦太太说："这没什么，说不定再过几天，还会长出来一株康乃馨呢！"原来，菲利浦太太也偷偷地在盆栽里埋下了种子。

令菲利浦夫妇万万想不到的是，帕尔曼竟然早就从报纸

遭遇

碰上，遇到（不幸的情况或者不顺利的事情等）。

暗暗

指不露声色地；暗中。

上知道了自己父母遇难的消息，但为了不让菲利浦夫妇跟着自己一起难过，便假装不知道，还在小盆栽里暗暗种下了百合。没想到几天后，帕尔曼的父母种下的金盏菊也长出来了。

菲利浦夫妇没想到帕尔曼竟然如此懂事，如此坚强，他们非常感动。后来，他们正式收养了帕尔曼，并让他学习小提琴，帮助他走上了艺术之路。帕尔曼虽然落下终生残疾，但通过努力，他成了举世瞩目的小提琴家。

悦读品味

帕尔曼的父母为了维持生计离开了家乡去淘金，将他托付给了邻居菲利浦夫妇，并给他留下了一个栽下种子的盆栽。然而，不久之后，帕尔曼的父母不幸遇难，但是帕尔曼却用坚强的心默默承受了这一切，并培育出了百合花和金盏菊。帕尔曼身残志坚，通过自己的努力，成为世界闻名的小提琴家。含泪播种的人，一定能含笑收获。我们要学会勇敢地面对生活的不完美，做生活的强者。

悦读链接

～ 帕 尔 曼 ～

伊扎克·帕尔曼是以色列著名小提琴家。4岁时因患小儿麻痹症成为终身残疾。自幼表现出酷爱音乐的天性，10岁登上电台演奏，后来迈进特拉维夫音乐学院学习。

没有人知道，疾病在多大的程度上阻碍或是激发了帕尔曼的音乐天赋。人们只是看到，9岁的帕尔曼已经开始在音乐会上演出。尽管如此，还是有人认为，对帕尔曼来说，在这个竞争激烈、荆棘丛生的行业中，开独奏音乐会实在是太难了。

身体上的残疾并没有阻碍帕尔曼演奏水平的提高。他敢于参加更多的音乐会，人们也开始注意到这颗乐坛新星。但是，举行完全意义上的独奏音乐会对帕尔曼来说，似乎还是难以完成的。

直到13岁的时候，有一天，美国国家电视台邀请他到"爱德·沙利文综艺节目"中做客，这简直是天赐良机。后来，为了使帕尔曼的与生俱来的音乐天赋得到更好发挥，他们全家搬到了纽约。

悦读必考

1. 用加点的词语写句子："菲利浦夫妇没想到帕尔曼竟然如此懂事，如此坚强，他们非常感动。"

_____

_____

2. 帕尔曼的小盆栽里长出了哪些植物？它们分别是谁种下的？

_____

_____

_____

因马虎失去奖励的李普曼

　　同学们，你在平时的生活学习中，有没有自己本来就懂得的东西，去做时却总是出错呢？我想你肯定有，但是你得吸取教训了，马虎是要不得的。一起来看看下面的故事吧！

闻名于世

全世界都知道，无人不知无人不晓。形容非常著名。

毅然

坚决的；毫不犹豫的。

起伏不定

上升和下降，不稳定。

　　李普曼是法国物理学家，由于首创了彩色玻璃照相技术，于1908年获得了诺贝尔物理学奖，并以研究直接彩色感光方法而闻名于世。

　　1845年8月16日，李普曼出生于卢森堡，他的父母都是法国人，当时都在卢森堡的贵族官府里当家庭教师，过着安稳舒适的生活。但是他们之间有一个共识：只有让孩子在自己的国土上接受教育，才能让他生活得更加健康快乐。于是，在李普曼3岁的时候，父母不顾主人的再三挽留，毅然放弃了高薪待遇，带着儿子回到了阔别已久的法国。

　　李普曼很小就具有独立思考能力，当父母因为工作忙碌而无法照料他时，他总能想出好办法来妥善处理。

　　但是，李普曼在学习上老是起伏不定，由于没有好好地沉下心去认真思考问题，还经常出现一些让人难以相信的错误。

对儿子的马虎大意，父母也都很担心，他们决定和孩子一起寻找问题的原因。

这天，父亲交给李普曼一张试卷，上面有二十道数学题。父亲说："如果你能保证全部正确，我们将给你最高奖励；如果你做错了两道题，那么，这次考试就没有任何奖励！"

"这些题很难吗？你们确定我可以都做出来吗？"李普曼心有疑虑地说。

"都是很寻常的题目，还是你曾经做过的，但是被我们稍微修改了一下！"父亲回答道。

"那没有问题，我一定可以得满分！"话一说完，李普曼就乐滋滋地拿着试题开始做起来了。四十分钟过去了，李普曼按时交回了答卷。他的神情非常快乐，很骄傲地说："真的是一点儿也不难啊！"

父亲没有说话，埋头认真地翻阅下去。还没有等到他看完，就发现了一个标注换算单位的错误。接着往下看，又发现了一个明显的笔误。结果出来了，李普曼做错了两道题。

当父亲将错误指给李普曼看时，他显得十分吃惊，嘴里一个劲儿地解释："这个我知道，哎呀，我怎么会这样写呢？一定是刚才马虎了！"

"你为什么会马虎呢？是不是觉得太容易了？"父亲很温和地问道。

马虎
形容草率，敷衍，疏忽大意，不细心。

乐滋滋
形容因为很满意而喜悦的样子。

笔误
指因疏忽而写了错字。

"是的，我——"李普曼突然感到很难过，他不知道应该怎么表达自己的意思，"我现在可以马上修改，我会做的！"

"要是你在交来试题之前修改，我们会很高兴你能自己发现错误，并纠正错误。但是，现在你是在爸爸的提醒下做的修改，我们接受你的认错态度，但是按照约定，你将不能获得今天的最高奖励。我们本来想送你一个显微镜的，你不是一直都盼望着要一个吗？"父亲就事论事地说。

唾手可得

形容非常容易得到。唾手，往手上吐唾沫。

唾手可得的礼物就这么眼睁睁地消失在眼前，李普曼觉得非常难过。但是他什么话也没有说，泪水噙在眼眶里，始终没有掉下来。

从那以后，李普曼开始认真地做好每一件事情，即使是很简单的事情，他也不会掉以轻心。他掌握知识的能力，在这种一丝不苟的态度中，逐渐有了质的提高。让他高兴的是，父亲在圣诞节来临之际，依然送给了他一个梦寐以求的显微镜。

悦读品味

李普曼的父亲给了他一张试卷，上面题目都是他曾经做过的，并且许诺做得完全正确的话就会有奖励。但是原以为很简单的题目，李普曼却做错了两道，最后失去了自己最渴望得到的奖励——显微镜。像李普曼这样的马虎态度可要不得，所以我们无论做什么事情都要认真，因为细节往往决定事情的成败！

悦读链接

李普曼的贡献和荣誉

加布里埃尔·李普曼在物理学上造诣很深，研究的范围也很广，特别是对电学、热学、光学和光电学的研究，成绩卓著，当时欧洲科学界公认他为权威。

一天，他在宴请科学界名流时，毫不保留地把自己发明的毛细管电位计献给了法国物理学会。当时如果凭这项发明向本国或别国申请专利，他立即可以成为百万富翁。他这种不贪图富贵，把科学成果视为全人类所共有，为科学、为祖国做贡献的精神，来自他母亲的教导及他本身的高贵品格。李普曼也是"彩色照相干涉法"的发明人。

由于他的杰出贡献，1908年，经瑞典皇家科学院评定，特授予他诺贝尔物理学奖金，1912年，李普曼被选为法国科学院院长。1921年，李普曼去加拿大和美国讲学，在国外生了病，返回途中于7月13日逝世。

悦读悦好
YUEDUYUEHAO············

1. 给下列加点字注音。

（　　）（　　）（　　）　　（　　）

　　噙　　　妥善　　　唾手可得　梦寐以求

2. 用"只有······才······"造句。

_____

3. 父母为什么要带着幼小的李普曼回到阔别已久的法国？

_____

_____

计算机之父冯·诺伊曼

　　孩子们，如今，电脑或者电子化办公，已经广泛地应用于我们生活中的各个领域，如公司、办公室、学校、影剧院、商场、火车站、机场和公交车等各种公共场所，甚至已经进入一般家庭，让我们了解下计算机的由来吧！

　　冯·诺伊曼1903年12月28日生于匈牙利，是著名的美籍匈牙利数学家，他对人类的最大贡献是对计算机科学和计算机技术的开拓性探索，因此被人们称为"计算机之父"。

冯·诺伊曼出生于匈牙利布达佩斯的一个犹太人家庭，他很小就显现出数字方面的天赋。

当他们家开始使用电话与人进行联络时，记录电话号码就成为一个很重要的事情。母亲不喜欢记那些密密麻麻的四位数号码，总是把它们写在本子上，需要的时候再查阅。

可是有一天，母亲在准备拨打姑妈家的电话时，3岁的冯·诺伊曼竟然把所有的号码都背诵出来，让她自己挑选，这令她十分惊奇。父母问他是什么时候记住的，他回答说是在听父母一边拨号一边念叨时记住的。得知儿子的记忆力如此惊人，父母都非常高兴。

此后，无论是父亲在谈论关于数字的话题，还是正在处理大量的数据报告，都能吸引冯·诺伊曼的注意力，那些数字甚至比玩具还有魅力。细心的母亲逐渐发现了儿子的这个特点，很快就开始为他启蒙。等到冯·诺伊曼6岁的时候，他的一个行为再次向人们证实：他是一个超级天才！

一天，父亲拿到一个单据，和母亲嘀咕着其中的一个算式。算式非常复杂，是关于八位数的乘除运算。父亲正在请人重新核定那个结果，要知道，这个大数字，如果算错了该是多么糟糕！

冯·诺伊曼在一边听到了，急忙跑过去，对父亲说："你告诉我数字，我来帮你算！"

天赋
天分，是成长之前就已经具备的成长特性。

念叨
因惦记或想念而在谈话中屡次提到。

魅力
形容一人的个性与美。

147

"小家伙，别吹牛，这个数字可是大到天上去了，你算不了的！"父亲质疑地说道。

"爸爸，别不相信人！我一定可以的！"面对父亲的质疑，冯·诺伊曼气呼呼地拍胸脯保证。

"好吧，我相信你，让你来试试，这串数字是86864329乘以63975218……"父亲看着单据，口中报出一大串数字。

令人**难以置信**的是，一分钟还不到，冯·诺伊曼就说出了答案，与父亲拿到的单子上的数据一模一样。

"我的天啊，孩子，你是怎么算出来的？你的脑袋里面装着一个神奇的计算工具吗？"

"爸爸，我是心算的，其实也不复杂！"冯·诺伊曼的回答显得很轻松，好像真的没有什么值得炫耀的窍门。从那天开始，父亲聘请了更为专业的老师来给冯·诺伊曼上课。因为他知道，仅凭自己和妻子的学问，远远无法满足这个孩子成长的需求。

而新来的老师一点儿也不敢放松对自己的要求，只要在教学上稍微出现一点儿疏忽，马上就会被这个小孩子找到破绽。

正是冯·诺依曼的独特的天赋及父母

难以置信

事情发生得出乎意料，让人难以相信，不容易相信。置，使得，让。放置。信，相信。

教育得当，再加上他自身的努力，为后来计算机的发明奠定了基础。

悦读品味

诺伊曼3岁时能够记住姑妈家的电话号码，6岁时能心算八位数的乘法。文章运用开头结尾相互照应的写法，即开头和结尾指出诺伊曼对计算机发明做出了贡献，中间围绕他的天赋进行阐述，结构紧凑，中心突出。生动的语言描写是故事的一大特色。

诺伊曼是一个天才，他的成功多少与他的天赋异禀有一定的关系，但是有天赋也需要相应的环境条件去开发，诺依曼的父母得当的教育方法，值得所有的父母学习。

悦读链接

诺伊曼

约翰·冯·诺伊曼是出生于匈牙利的美籍犹太数学家，合作博弈论的创立人，现代计算机创始人之一。他在物理学中的量子力学、计算机科学以及其他领域都做过重大贡献。

诺依曼1903年12月28日生于匈牙利，1957年2月8日死于美国。我想很多人对他不会陌生，他可以称为计算机之父了，现在我们面前计算机内采用的体系结构就是以他的名字命名的冯·诺依曼结构。

诺依曼小时候就十分聪明，6岁时就能够心算八位数字的除法，他在匈牙利接受了初等教育，并于18岁发表了第一篇论文。在1925年取得化学文凭后，他把兴趣转向了喜爱已久的数学，并于1928年取得博士学位，此后，他

在集合论等方面取得了引人注目的成就。

　　1930年诺依曼应邀访问普林斯顿大学，这所大学的高等研究所于1933年建立，他成为最早的六位数学教授之一，直到他去世，他一直是这个研究所的数学教授。

悦读必考

1. 父亲是怎样发现冯·诺伊曼在数字方面的超级才能的？

_____

2. 你能不能再举出几位犹太名人的名字？

_____

3. 如今电脑已经非常普遍，结合自己操作电脑的心得体会，说说自己的感想。

_____

_____

米老鼠是这样诞生的

悦读引航

　　孩子们，假期来的时候，大家都会到公园去玩。米老鼠与唐老鸭你们看过没？里面的米老鼠非常可爱，在公园里我们也能经常看到它

可爱的身影，但是你知道米老鼠是怎么来的吗？你知道是怎么设计出来的吗？看了下面的故事你就会知道的。

　　一个穷困潦倒的年轻画家为了心中的理想，只身来到了堪萨斯城谋生。起初他到一家报社应聘，但主编认为其作品缺乏新意，不予录用，他初尝了失败的滋味。此后，他终于得到了一份替教堂作画的工作。可是报酬极低，身无分文的他只好借用一家废弃的车库作为临时的办公室。他每天就在这充满汽油味的车库里辛勤工作直至深夜。

堪萨斯城

美国的一个城市名。

　　除了令人窒息的汽油味以外，车库里还时常听到老鼠"吱吱"的叫声和在地板上的跳跃声。有一天，当疲倦的画家抬起头，看见昏黄的灯光下一对亮晶晶的小眼睛——是一只小老鼠！他微笑着注视这只可爱的小精灵，可是它却像影子一样溜了。窗外风声呼啸，他倾听着天籁，感到自己并不孤单，好歹有一只老鼠与他为邻。

　　那只小老鼠果然一次次出现，画家从来没有伤害过它。小老鼠在地板上表演着各种精彩的杂技。而他作为唯一的观众，则奖给它一点点面包屑。

　　不久，年轻的画家离开堪萨斯

城，到好莱坞去制作一部以动物为主题的卡通片。这是他好不容易得到的一次机会，他似乎看到理想的大门开了一道缝。但不久，他再次失败了。

多少个**不眠之夜**里，年轻画家在黑暗里苦苦思索，他怀疑自己的天赋。终于，在某天夜里，他突然想起了堪萨斯城车库里那只爬到他画板上跳跃的小老鼠，灵感就在那个暗夜里闪了一道耀眼的光芒。他迅速爬起来拉亮灯，支起画架，立刻画出了小老鼠的大致轮廓。

有史以来最伟大的动物卡通形象——米老鼠就这样诞生了。这位年轻的画家就是后来美国最负盛名的人物之一——才华横溢的沃尔特·迪斯尼先生。

不眠之夜

不曾睡眠的夜晚。常指极度兴奋或过分忧虑而睡不着觉。眠，睡眠。

悦读品味

沃尔特·迪斯尼一开始是穷困潦倒的，以至于不得不在充满汽油味的车库中作画，但有一只精灵般的小老鼠陪伴着他。小老鼠的活泼形象为他以后在好莱坞的发展创作提供了灵感的来源，最后沃尔特·迪斯尼创造了有史以来最伟大的动物卡通形象——米老鼠。

悦读链接

好莱坞

好莱坞位于美国西海岸加利福尼亚州洛杉矶郊外，是一个依山傍水，景色宜人的地方。最早是由摄影师寻找外景地时发现的，大约在20世纪初，这里便吸引了许多拍摄者，而后是一些为了逃避专利公司控制的小公司和独立制片商们纷纷涌来，逐渐形成了一个电影中心。

在第一次世界大战之前以及之后的一段时间内，格里菲斯和卓别林等一些电影大师们为美国电影赢得了世界名誉。华尔街的大财团插手电影业，好莱坞电影城由此迅速形成并兴起，电影产业恰恰适应了美国在这一时期的经济飞速发展的需要，电影也进一步纳入经济机制，成为谋取利润的一部分，资本的雄厚，影片产量的增多，保证了美国电影市场在世界上的倾销。

洛杉矶郊外的小村庄最终成为一个庞大的电影城，"好莱坞"也在无形中成为美国电影的代名词。

悦读必考

1. 比一比，再组词。

耀（　　）　　　　籁（　　　）

辉（　　）　　　　懒（　　　）

2. 当小老鼠一次次出现在沃尔特·迪斯尼眼前的时候，他是怎么做的？

_____

_____

3. 请你用自己的话描述一个小动物。

_____

_____

_____

希尔顿和坚强的母亲

悦读引航

孩子们，我们每个人的一生都会遇到很多的困难和挫折。面对挫折和困难，有的人放弃了，从此一蹶不振，有的人吸取经验教训把苦难当作是对自己的磨炼，反而成功了！你在学习中遇到了困难会怎么办？你有不自信的时候吗？应该怎么对待呢？

长袖善舞
衣服的袖子越长，跳舞就容易跳得好看。原指有所依靠，事情就容易成功。后形容有财势会要手段的人，善于钻营取巧，会走门路。

沮丧
灰心，失望，伤心，灰心丧气。

美国经济大萧条时期，人们极少出游，商店的货物也无人问津，失业人数日益增多。美国大部分旅馆都破产倒闭了。希尔顿尽管长袖善舞，使他的8家旅馆保全了5家，却也陷入了资金周转不灵的困境。

希尔顿鼓励员工发扬集体合作精神，共渡难关。每一个人都在竭力节省每一项开支，如停止房间电话的使用，每台可省下15美分；关闭一些房间以免浪费电力和暖气。

尽管这样，收益仍在下降，而地租、贷款利息和各种捐税又样样不能少。在这艰难的日子里，希尔顿常常用冷毛巾敷头，以减轻头疼的折磨。

一天下午，希尔顿正坐在达拉斯的办公室里发愁，忽然抬头看到母亲站在面前。他有点沮丧地对母亲说："只怕我选错了职业，也许我去学造摇篮或棺材都比这个强！"

154

母亲却以她的家庭所特有的气质——一种不屈不挠的拓荒精神，缓缓而坚定地说："现在有人跳楼，有人沉沦下去，也有人向上帝祷告。康尼，你千万别泄气，一切都会过去的。"

从此，希尔顿又充满了信心和勇气。当律师私下与他商量，要他宣告破产时，他坚决拒绝了。他又开始四处奔波，从一个城市跑到另一个城市，能借的钱都借了，运气仍然不佳。

就在他濒临绝望的时刻，奇迹发生了。七位仍然对希尔顿充满信心的亲友各自掏出了5000美元，其中六位是亲自把支票送来给他的。

有一张支票上签的名字是"玛莉·希尔顿"，那是他的母亲！为了助儿子一臂之力，这位母亲倾其所有。要知道，在1933年秋天的美国，5000美元绝不是一个小数字。第二天，他把筹到的款送到债主的手里，一度落入他人名下的希尔顿酒店又物归原主了。

之后，希尔顿借到5.5万美元。他孤注一掷，投资石油。上天没有辜负他，三年后，在油矿上获得的收益为他付清了所有的欠款。

希尔顿艰苦奋战，终于绝处逢生，闯出了一条路。他最终打了一场胜仗。

破产
债务人因不能偿债或者资不抵债时，由债权人或债务人诉请法院宣告破产，并依破产程序偿还债务的一种法律制度。人们有时也习惯把个人或者公司停止继续经营亦叫作破产。

物归原主
把物品还给原来的主人。归，还给。

绝处逢生
陷入绝境的时候又有了生路。

悦读品味

美国的经济大萧条击倒了很多人，但是希尔顿在母亲的鼓励与支持

下，用顽强的意志和坚强的信心仍然艰难地维持了下来。熬过20世纪30年代的大萧条，终于等来了好的时光。故事情节描写和语言的灵活运用是文章的一大特色。

希尔顿的故事激励着我们无论再苦再难，也要坚强，只为那些期待的目光。其中，特别让人佩服的是希尔顿的母亲，她用人间最伟大的母爱鼓励着支撑着儿子，令人十分感动。

悦读链接

希尔顿国际酒店集团

希尔顿经营旅馆业的座右铭是："你今天对客人微笑了吗？"这也是他所著的《宾至如归》一书的核心内容。

美国希尔顿饭店创立于1919年，在不到90年的时间里，从一家饭店扩展到100多家，遍布世界五大洲的各大城市，成为全球最大规模的饭店之一。

80多年来，希尔顿饭店生意如此之好，财富增长如此之快，它的成功秘诀是什么呢？通过研究发现其成功的秘诀就在于牢牢确立自己的企业理念，并把这个理念上升为品牌文化，贯彻到每一个员工的思想和行为之中，饭店创造"宾至如归"的文化氛围，注重企业员工礼仪的培养，并通过服务人员的"微笑服务"体现出来。

希尔顿总公司的董事长，89岁高龄的唐纳·希尔顿在50多年里，不断到他分设在各国的希尔顿饭店、旅馆视察业务。希尔顿每天从这一洲飞到那一洲，从这一国飞到那一国，专程去察看希尔顿礼仪是否贯彻于员工的行动之中。

如今，希尔顿的"旅店帝国"已延伸到全世界，希尔顿的资产已从5000

美元发展到数百亿美元。希尔顿旅馆已经吞并了号称为"旅馆之王"的纽约华尔道夫的奥斯托利亚旅馆，买下了号称为"旅馆皇后"的纽约普拉萨旅馆，名声显赫于全球的旅馆业。

悦读必考

1. 写出下列词语的反义词。

萧条——（　　　）　增多——（　　　）　困境——（　　　）

2. 在希尔顿濒临绝望的时刻，发生了什么奇迹？

_____

_____

_____

配 套 试 题

试 卷 一

一、读拼音，写汉字。

chóng	qiān	fēng	rú
（　　）敬	（　　）虚	（　　）利	（　　）家

fàn	gān gà	zhèn	xún
小（　　）	（　　　）	地（　　）	（　　）视

二、多音字组词。

藏——（　　）（　　）　　　冲——（　　）（　　）

逮——（　　）（　　）　　　汗——（　　）（　　）

系——（　　）（　　）　　　校——（　　）（　　）

三、在下面的括号里填上恰当的词，使它与前面的词能搭配起来。

牢记（　　　）　　　　　　揭开（　　　）

欣赏（　　　）　　　　　　响应（　　　）

打消（　　　）　　　　　　倾诉（　　　）

倾注（　　　）　　　　　　宽恕（　　　）

四、将下列相对应的词语连起来。

儒家　　　　　　华佗

医学　　　　　　柳公

天文　　　　孔子

书法　　　　张衡

五、写出下列词语的近义词。

吉利——（　　　）　　　　络绎不绝——（　　　　）

困难——（　　　）　　　　病逝——（　　　　）

阻挠——（　　　）　　　　称赞——（　　　　）

六、阅读下面文章的内容，回答问题。

西　藏

祖国的西藏，山河壮丽，资源丰富，是一个可爱的地方。

西藏是个高原，那里有无数的高山，珠穆朗玛峰海拔近9000米，是世界第一高峰。

高原上的天空经常透蓝透蓝的。那光洁的蓝天，像琢磨得十分光滑的蓝宝石，又像是织得异常精致的蓝缎子。看上去，它好像离你很远，怎么也不能接近，又好像离你很近，只要一举手就可以摸到。

高原上不但有许多高山，也有好些湖泊。有的湖泊大得像海一样，一眼望不到边。近处，挨着湖泊的是墨绿色的密密丛林;远处，连着天的是终年不化的皑皑雪峰。这些一块倒映在清澈的湖水里，构成了一幅美丽的图画。

西藏高原森林资源丰富。据估计，光是茂密的森林就有55万亩。森林里的大树很多，有的直径竟达三米。用这么粗的树干做成独木船，一条船就可以载三四十人。

高原的物产，有珍贵的毛皮，有熊掌、鹿脯等稀有食品，还有雪莲、鹿茸等珍贵药材。

西藏的地下矿藏正在为祖国建设出力。煤、铁、铅、盐……源源不断走进工厂，走进农村，走进人民的生活中。

高原上有广阔的草原，如云的羊群在绿茵茵的草毯上游动，丰盛的牧草哺育着成片的牛群和马群。高原上还有土壤肥沃的平川，青稞熟了，人们跳起欢乐的舞蹈，喜庆丰收。

西藏人民是勇敢、勤劳的人民。他们热爱自己的土地，热爱伟大的祖国，在党的领导下，他们用勤劳的双手打扮自己的家乡，使它变得更加美丽可爱。

1. 文章的开头与结尾一段起什么作用？

_____

2. 文章从哪几方面来介绍西藏？

_____

3. 从文中找出一个词来归纳2～4自然段的主要内容。

_____

4. 从文中找出一词来归纳5～8自然段的主要内容。

_____

5. 文中的"_____"表达了作者对西藏的情感。

七、除了本书中讲到的中外名人，你还知道哪些著名的人物，把他们的名字写下来，并写出他们的主要事迹。

试 卷 二

一、为下列的加点字注音。

修筑（　　　）　　测量（　　　）　　解决（　　　）　　私塾（　　　）

端午（　　　）　　锻炼（　　　）　　旷野（　　　）　　桅杆（　　　）

二、写出带有相同偏旁的字。

流：_____

仍：_____

腕：_____

三、将下面的成语补充完整。

（　　）以为常　　（　　）（　　）不绝　　（　　）（　　）见惯　　张口（　　）舌

（　　）（　　）大悟　　天马（　　）（　　）　　一丝（　　）（　　）　　爱不（　　）手

四、选词填空。

1.聪明　　狡猾

（1）多看多想，多学多问，人才能变（　　　）。

（2）敌人再（　　　），也骗不了我军的侦察兵。

2.拣　　捡

（1）我看见走廊上有一张废纸，把它（　　　）起来，扔进了垃圾箱。

（2）渔人（　　　）小的鱼给鸬鹚吃，留下大的去市场上卖。

五、划掉下列四组词语中不是同类的词语。

1.油腔滑调 谈古论今 和颜悦色 甜言蜜语

2.张牙舞爪 目瞪口呆 张口结舌 身强体壮

3.挥汗如雨 心领神会 心急如焚 心花怒放

4.秋风送爽 神态自若 天高云淡 黄叶纷飞

六、修改病句。

1.听了这段报告，使我们懂得了许多道理。

_____

2.少先队员要热爱祖国和公共财物。

_____

3.早稻熟透了，田野里像铺上了绿色的地毯。

_____

4.我忍不住不禁笑了出来。

_____

七、用下面的词语造句。

1.财富： _____

2.如愿以偿： _____

3.诗人： _____

八、阅读理解。

威尼斯的小艇

船夫的驾驶技术特别好。行船的速度极快，来往船只（zhǐ zhī）很多，

162

他操纵自如，（豪　毫）不手忙脚乱。（　　）怎么拥挤，他（　　）能左拐右拐地挤过去。遇到极窄的地方，他（　　）能平稳地穿过，（　　）速度非常快，（　　）能作急转（zhuǎn　zhuàn）弯。两边的建筑飞一般地往后倒（dǎo　dào）退，我们的眼（晴　睛）忙极了，不知看（哪　那）一处好。

1. 划去括号内不正确的读音或汉字。

2. 在括号内填入恰当的关联词语。

3. 文中从哪些地方能够说明船夫的驾驶技术特别好？

4. "拥"的字义有：①拥有；②抱；③聚到一块儿；④围着。在以下句子中，"拥"字应选哪种意思呢？（填序号）

（1）父子俩紧紧地拥抱在一起。（　　）

（2）簇拥在一起的小艇一会儿就散开了。（　　）

（3）张家界成了人类共同拥有和保护的宝贵财富。（　　）

（4）船很宽敞，一点儿也不觉得拥挤。（　　）

九. 生活中处处有挑战，战胜困难才能取得成功，你生活中有这样的经历吗？以"我战胜了＿＿＿＿＿"为题目，写一篇不少于200字的文章。

参 考 答 案

木工的祖师爷鲁班

1. 称呼鲁班为"祖师"。　2. 略

儒家学派的创始人孔子

1. 彬彬有礼　津津有味　2. 儒家学派，后人称其为"圣人"。　3. 略

韩信巧妙分油

1. 把能装三斤油的葫芦当秤：把三斤的油葫芦灌满两次是六斤→倒进七斤油的空瓦罐→然后又将油葫芦装满→将瓦罐倒满后，油葫芦里剩余两斤→把瓦罐中的油全部都倒进了油篓→把油葫芦中剩下的两斤油倒进了盛七斤的瓦罐→将盛三斤的葫芦灌满油，倒进已经有两斤油的瓦罐就是五斤油。　2. 略

三换老师的许衡

1. 略　2. 许衡对任何问题都不轻易放过，善于刨根问底，不管是书中的要旨理义，还是生活中的寻常事理，他都要追问个明白。老师觉得自己才疏学浅，要应付许衡的求知欲和好奇心，是件极不容易的事情，所以不适宜再做他的老师。

立志从医的华佗

1. là zhú　zhēng zhá　bá shān　shè shuǐ
2. 封建社会政治混乱，动荡不安。华佗目睹了官场的腐败和百姓生活的苦难，决心弃绝仕途，选择以医为业，以医济世。　3. 略

伟大的天文学家张衡

1. 哪个方向发生地震，朝向那个方向的龙嘴就会因震动而自动张开，吐出铜球。铜球掉在下面蛤蟆的嘴里，会发出响亮的声音。　2. 略

巧用废弃物的"破烂将军"

1. 五体投地：两手、两膝和头一起着地。比喻佩服到了极点。汗马功劳：原指在战争中立下的大功劳，现泛指大的功劳。汗马，马累得出了汗，比喻征战劳苦。　2. 陶侃将收集的木片铺在泥泞的道路上，路就变得好走多了。将收集的竹子头取出来，让士兵们削成竹钉，代替铁钉来钉船，造好了几十条结实坚固的战船。　3. 略

陶渊明的读书"妙法"

1. 陶渊明开创了中国古典诗歌的一个新流派——田园诗派。　2. 略

全能画家顾恺之

1. 顾恺之在寺院的墙壁上作了一幅维摩诘的画像。最后点上眼睛之后，整幅画如龙点睛，光照一寺。前来观看、布施的人如潮水般涌来，很快就得了一百万钱。2. 略

陈子昂摔琴赠文章

1. 略　2. 陈子昂想要以此来推广自己的文章和

才华，引起社会舆论，提高自己的名声，传到
当权者的耳朵里，得到重视。　3.略

柳公权拜师

1.略　2.略

发奋苦读的范仲淹

1.昌盛　富有　贪婪　2.范仲淹发现树根旁
边有一个石板，石板下面有好多的银子。他
又在树根周围发现了许多金元宝。　3.略

杰出的科学家沈括

1.沈括不但爱学习，而且好奇心特别重，不论
什么事情都要弄个明白。　2.略

少年苏轼改诗句

1.略　2.苏洵　苏轼　苏辙　3.略

陆游的"书巢"

1.略　2.陆游热爱读书，屋子里除了书还是书。
偶尔想走动走动，却被乱书包围起来，简直寸步
难行，故而将它命名为"书巢"。　3.略

黄道婆织布

1.佩服　杰出　2.黄道婆从小被卖给别人当
童养媳，不堪长期忍受婆婆的虐待，趁人不
备，逃到黄埔江边，随海船飘流到海南岛的崖
州。　3.略

郑和下西洋

1.略　2.为了国家之间的友谊和交往，互通有
无。　3.略

聪明正直的唐伯虎

1.因为这个商人是个有名的奸商，唐伯虎深知
他的为人，所以故意借画像之机丑化他，想要
整治他一下，为百姓出一口气。　2.略

才思敏捷的徐文长

1.略　2.略　3.徐文长运用水的浮力，减
轻了手臂上提的两桶水的重量，轻易地就
过了河。

解缙巧化僵局

1.略　2.略

曹雪芹送礼

1.络绎不绝：形容人、马、车、船等连续不
断。　面面相觑：你看我，我看你，不知道如
何是好。形容人们因惊惧或无可奈何而互相望
着，都不说话。　2.曹雪芹的对联实际上是说
自己送的酒淡如水，用白水当酒来戏弄郝老
爷，告诫众人世间人情有真有假。　3.略

中国铁路之父詹天佑

1.kān cè　qī rǔ　jǐ láo chéng jí　2.略　3.京
张铁路。

为祖国找石油的李四光

1.突然　赞扬　谬误　2.他不小心误将姓名
栏当成年龄栏，写上了"十四"。改了"李"
字后，觉得"李四"不好听。正好看见一个写
着"光被四表"的牌匾，然后在"李四"的后
面加了一个"光"字。　3.略

勤奋学习的茅以升

1. 拟人 造句略　2. 茅以升用背诵圆周率的办法锻炼自己的记忆力。　3. 略

揭开雷电之谜的富兰克林

1. 渺　擦　霹　2. 避雷针能够将雷电产生的电流引到地下，使房屋不受到雷击。既保护了建筑物，也使许多人免受雷击的灾祸。

想撬起地球的阿基米德

1. 杠杆原理。　2. 当一个物体完全浸入水中的时候，它排出来的水的体积，恰好就等于它自身的体积。阿基米德运用水的浮力原理，将纯金块和王冠分别放进水里，观察溢出水的多少来判断王冠是否掺假。　3. 略

完美的捧衣天使

1. 因为一千个蛋中没有两个是完全一样的，老师是在锻炼他的基本功。　2. 略

被钟摆迷住的伽利略

1. 单摆等时定律。　2. 略

蒸汽机之父瓦特

1. 司空见惯：指某事常见，不足为奇。坚持不懈：坚持到底，一点不松懈。形容做事持之以恒。　2. 瓦特发现当水开了壶盖就会向上跳动，后来才发现是蒸汽导致的。　3. 略

站在巨人肩上的牛顿

1. 因为老师曾经批评过牛顿，让他觉得自卑，上课总是很紧张，老师讲的知识也很少能够记住，回答问题也老出错，然后牛顿就开始

讨厌上学，成绩下滑。　2. 略

帕斯卡与厨房里的声音

1. 强壮　愚笨　显现　2. 帕斯卡在一家餐厅里，听到从厨房传出来的刀叉和盘子、桌子碰到发出的声音不一样，而且声音长度也不一样，让他很好奇。后来他回家之后亲自敲打盘子做实验，才发现了振动原理。

诚实好学的林肯

1. 略　2. 林肯诚实地承认了错误，并且给克劳德先生摘玉米，以此来补偿别人。　3. 略

幽默机智的马克·吐温

1. 毋庸置疑　提早　2. 略

像歌德一样伟大的海涅

1. 海涅做的改变：文明说话，不说一句污言秽语。认真学好文化课，上课认真听讲，勤于思考，准备了一个本子每天练习写作。　2. 略

进化论之父达尔文

1. 因为达尔文想要抓住第三只甲虫，但又苦于只有两只手，所以只好先把手里的甲虫塞进嘴里。　2. 略

契诃夫克服阻力进剧场

1. 契诃夫通常总是把长胡子或者大鬓角粘在脸上，然后戴上深色眼镜。　2. 由于契诃夫精妙的化妆技巧，骗过了自己的叔叔。

炸药大王诺贝尔

1. 略　2. 诺贝尔。他在研制安全炸药。　3. 略

帕尔曼的小盆栽

1. 略　2. 帕尔曼的小盆栽里相继长出了月季花、百合和金盏菊，因为菲利浦夫妇和小帕尔曼为了不让彼此担心，他们分别偷偷在花盆里种下了各种花的种子。

因马虎失去奖励的李普曼

1. qín tuǒ tuò mèi　2. 略　3. 虽然他们在卢森堡过着安稳舒适的生活，但是他们都认为只有让孩子在自己的国土上接受教育，才能让他生活得更加健康快乐，所以父母带着幼小的李普曼回到阔别已久的法国。

计算机之父冯·诺伊曼

1. 一个非常复杂的八位数乘除运算，即86864329乘以63975218，父亲本来需要找人核定的，但是冯·诺伊曼在一分钟还不到的时间里，就用心算得出了答案，与父亲单子上的数据一模一样。　2. 略　3. 略

米老鼠是这样诞生的

1. 略　2. 小老鼠一次次出现，还在地板上表演着各种精彩的杂技。而画家作为唯一的观众，他从来没有伤害过它，还给它一点点面包屑作为奖励。　3. 略

希尔顿和坚强的母亲

1. 繁荣　减少　顺境　2. 包括他母亲在内的七位仍然对希尔顿充满信心的亲友各自掏出了5000美元，帮助他渡过了难关。

配套试题

试卷一

一、崇 谦 锋 儒 贩 尴尬 震巡　二、略　三、略　四、儒家—孔子 医学—华佗　天文—张衡　书法—柳公　五、略　六、1. 前后照应，点明中心。　2. 风景优美 物产丰富 人民勤劳　3. 山河壮丽　4. 资源丰富　5. 是个可爱的地方　七、略

试卷二

一、zhù cè jiě shú duān duàn kuàng wéi　二、略　三、习 滔 滔 司空 结 恍然 行空 不苟 释　四、1.（1）聪明　（2）狡猾　2.（1）捡　（2）拣　五、1. 和颜悦色　2. 身强体壮　3. 挥汗如雨　4. 神态自若　六、1. 听了这段报告，我们懂得了许多道理。2. 少先队员要热爱祖国和爱护公共财物。3. 早稻熟透了，田野里像铺上了金黄色的地毯。4. 我忍不住笑了出来。　七、略　八、1. zhǐ 豪 zhuàn dǎo 晴 那　2. 不管 总 总 而且 还　3. ①行船的速度极快，来往船只很多，他操纵自如，毫不手忙脚乱。②不管怎么拥挤，他总能左拐右拐地挤过去。③遇到极窄的地方，他总能平稳地穿过，而且速度非常快，还能作急转弯。4.（1）②　（2）④　（3）①（4）③　九、略

167